写给青少年的

哲 学 书

程 禾 编译

光明日報出版社

图书在版编目（CIP）数据

写给青少年的哲学书 / 程禾编译 . –– 北京：光明日报出版社，2012.6
（2025.4 重印）

ISBN 978–7–5112–2369–2

Ⅰ.①写… Ⅱ.①程… Ⅲ.①哲学－青年读物 ②哲学－少年读物 Ⅳ.① B–49

中国国家版本馆 CIP 数据核字 (2012) 第 076427 号

写给青少年的哲学书

XIEGEI QINGSHAONIAN DE ZHEXUE SHU

编　译：程　禾

责任编辑：李　娟　　　　　　　　　责任校对：米　菲
封面设计：玥婷设计　　　　　　　　责任印制：曹　净

出版发行：光明日报出版社

地　　址：北京市西城区永安路 106 号，100050

电　　话：010–63169890（咨询），010–63131930（邮购）

传　　真：010–63131930

网　　址：http://book.gmw.cn

E － mail：gmrbcbs@gmw.cn

法律顾问：北京市兰台律师事务所龚柳方律师

印　　刷：三河市嵩川印刷有限公司

装　　订：三河市嵩川印刷有限公司

本书如有破损、缺页、装订错误，请与本社联系调换，电话：010–63131930

开　　本：170mm×240mm

字　　数：200 千字　　　　　　　　印　张：13

版　　次：2012 年 6 月第 1 版　　　印　次：2025 年 4 月第 4 次印刷

书　　号：ISBN 978–7–5112–2369–2–02

定　　价：45.00 元

前言

PREFACE

美国著名哲学家威尔·杜兰特说："科学给予我们知识，哲学给予我们智慧。"哲学是一门已经存在了几千年之久的学科，对我们的生活和经验认识等诸多领域都会产生影响。几千年来，哲学家们对世界上的各种现象、事实不断地提出质疑，直到现在，我们依然无法从一些古老而简单的困惑中解脱出来：世界是什么？我是谁？为什么活着等。不同的国度、不同的时代都有最优秀、最具智慧的人在思考着这些问题。

在古希腊，哲学家即是最有智慧的人的代名词，人们予以他们尊敬及荣誉。他们思考着整个世界且推动了社会的发展进步，科学即是早期哲学的衍生物。对于现代的年轻人来说，了解、学习哲学将有助于我们重新审视自己和身边的世界，更具人生智慧。

本书将人类数千年的思想成就浓缩成 25 个部分，内容涵盖了从古希腊至今的 2500 年的哲学思想精髓，包括希腊三圣、中世纪哲学、文艺复兴、科学革命、近代哲学、法国启蒙运动、美国超验主义者、现代哲学和后现代哲学、东方思想流派、客观主义和正命哲学、被遗忘的哲学家等内容。书中以轻快的笔调叙述了哲学发展的历史，介绍了伟大哲学家及其著述，阐明了难以理解的哲学问题，使一部哲学著述变得简明易懂，充满趣味，一目了然，打破了以往哲学书籍晦涩难懂、令人望而生畏的印象。书中设有"重要提示"、"名人轶事"、"知识点击"、"哲学大考场"等栏目，帮助读者更好地理解书中内容。全书脉络清晰，语言简洁，十分适合年轻人阅读。

这本哲学书不但是普及性哲学史的优秀著作，也是脍炙人口、深入浅出的人文佳作，是年轻人学习哲学知识的理想读本。

目　录

C O N T E N T S

第一章

这就是希腊…………………………………………… 1

一、前苏格拉底哲学家的努力………………………… 1

二、多元论者：各式材料……………………………… 5

三、留基波和德谟克利特：原子二人组……………… 6

四、玩转城邦：智者…………………………………… 7

第二章

希腊三圣：苏格拉底、柏拉图和亚里士多德 … 10

一、苏格拉底…………………………………………… 10

二、柏拉图……………………………………………… 16

三、亚里士多德………………………………………… 20

第三章

希腊化时期的衰落………………………………… 25

一、希腊一枝独秀时期的结束………………………… 25

二、犬儒派……………………………………………… 25

三、伊壁鸠鲁主义：快乐原则………………………… 27

四、斯多葛主义………………………………………… 30

五、怀疑主义：认识即现实…………………………… 33

六、西塞罗和折中派…………………………………… 34

七、新柏拉图主义：一个时代的终结……………………………… 35

第四章

中世纪哲学…………………………………………… **37**

一、基督教和哲学………………………………………… 37

二、希波的奥古斯丁……………………………………… 38

三、安瑟尔谟的本体论证明……………………………… 40

四、托马斯·阿奎那……………………………………… 41

五、约翰·邓·司各脱…………………………………… 44

六、罗吉尔·培根………………………………………… 44

七、奥康姆·威廉………………………………………… 44

第五章

文艺复兴…………………………………………… **46**

一、丰富的创造力………………………………………… 46

二、科西莫·德·美第奇………………………………… 47

三、尼古拉斯·德·库萨………………………………… 47

四、贝尔纳迪诺·特勒肖………………………………… 48

五、乔尔丹诺·布鲁诺…………………………………… 48

六、尼科洛·马基雅维利………………………………… 49

第六章

人文主义…………………………………………… **51**

一、什么是人文主义？…………………………………… 51

二、弗兰西斯科·彼特拉克……………………………… 51

三、德西德里乌斯·伊拉斯谟…………………………… 52

四、托马斯·莫尔爵士 ………………………………… 53

第七章

新教改革 …………………………………………… **54**

一、天主教的没落 ………………………………… 54

二、马丁·路德 …………………………………… 55

三、约翰·加尔文 ………………………………… 56

四、天主教的反改革 ……………………………… 57

第八章

科学革命 …………………………………………… **59**

一、日心说 ………………………………………… 59

二、怀疑主义的回归 ……………………………… 60

三、印刷机的发明 ………………………………… 60

第九章

近代哲学 …………………………………………… **62**

一、弗兰西斯·培根 ……………………………… 62

二、勒内·笛卡尔 ………………………………… 63

三、托马斯·霍布斯 ……………………………… 65

四、巴鲁赫·斯宾诺莎 …………………………… 67

五、戈特弗里德·莱布尼茨 ……………………… 67

第十章

英国经验主义 ……………………………………… **69**

一、天赋观念 ……………………………………… 69

二、约翰·洛克 ···································· 69

三、乔治·贝克莱 ································ 71

四、大卫·休谟 ···································· 72

第十一章

法国启蒙运动 ······························ **73**

一、哲人 ·· 73

二、孟德斯鸠 ·································· 74

三、伏尔泰 ·································· 75

四、让－雅克·卢梭 ························ 76

第十二章

德国唯心主义 ······························ **79**

一、伊曼纽尔·康德 ························ 79

二、约翰·格特利勃·费希特 ············ 82

三、弗里德里希·威廉·约瑟夫·冯·谢林 ··· 82

四、格奥尔格·威廉·弗里德里希·黑格尔 ··· 82

五、亚瑟·叔本华 ·························· 84

六、弗里德里希·威廉·尼采 ············ 86

第十三章

功利主义 ······································ **92**

一、杰尼米·边沁 ·························· 92

二、约翰·斯图尔特·密尔 ·············· 93

三、女性主义者 ···························· 95

第十四章

美国超验主义者 …………………………………… **97**

一、今日超验主义 …………………………………… 97

二、拉尔夫·瓦尔多·爱默生 …………………………… 98

三、亨利·大卫·梭罗 …………………………………… 99

四、威廉·埃雷里·钱宁 ………………………………… 100

五、阿莫斯·布朗森·奥尔科特 ………………………… 101

第十五章

现象学和存在主义 ……………………………… **102**

一、埃德蒙德·胡塞尔 ………………………………… 102

二、索仑·克尔凯郭尔 ………………………………… 103

三、马丁·海德格尔 …………………………………… 105

四、阿尔贝·加缪 ……………………………………… 106

五、让－保罗·萨特 …………………………………… 108

第十六章

现代哲学和后现代哲学 ……………………… **110**

一、贝特兰·罗素 ……………………………………… 110

二、路德维希·约瑟夫·约翰·维特根斯坦 …………… 112

三、米歇尔·福柯 ……………………………………… 114

四、雅克·德里达 ……………………………………… 116

第十七章

社会学和人类学 ………………………………… **117**

一、社会学 …………………………………………… 117

二、卡尔·马克思 …………………………………………… 118

三、马克思·韦伯 …………………………………………… 119

四、埃米尔·涂尔干 ………………………………………… 121

五、人类学 …………………………………………………… 121

第十八章

心理学 ………………………………………………… **124**

一、心理学溯源 ……………………………………………… 124

二、西格蒙德·弗洛伊德 …………………………………… 125

三、卡尔·古斯塔夫·荣格 ………………………………… 128

四、行为主义心理学 ………………………………………… 131

五、人本主义心理学 ………………………………………… 132

六、其他心理学家 …………………………………………… 133

第十九章

东方思想流派 ………………………………………… **135**

一、印度教 …………………………………………………… 135

二、佛教 ……………………………………………………… 137

三、道家 ……………………………………………………… 141

四、儒家 ……………………………………………………… 146

五、神道教 …………………………………………………… 148

第二十章

客观主义和正命哲学 ………………………………… **150**

一、客观主义 ………………………………………………… 150

二、正命哲学：做正确的事 ………………………………… 153

第二十一章

被遗忘的哲学家 ·············· 159

一、"原始"文化 ················· 159

二、非洲哲学 ··················· 159

三、美洲印第安人哲学 ············· 161

四、《黑麋鹿如是说》 ············· 163

五、十字神轮 ··················· 164

第二十二章

迈向美好生活的 12 步 ········· 168

一、酒在社会中的角色············· 168

二、酒的危害··················· 168

三、复原之路··················· 169

四、嗜酒者的新希望··············· 170

五、嗜酒者互戒会背后的哲学········· 171

六、戒酒 12 步 ················· 174

七、嗜酒者互戒会与上帝··········· 176

八、12 传统 ··················· 176

九、作为一种哲学的匿名··········· 176

十、保持经济独立··············· 177

十一、其他组织的改造············· 178

第二十三章

老树新枝——新世纪哲学 ········· 179

一、什么是新世纪················· 179

二、这根本就不是新的 …………………………………… 179

三、轮回转世 …………………………………………… 180

四、灵魂伴侣 …………………………………………… 182

五、《易经》 …………………………………………… 185

第二十四章

哲学与电视迷 …………………………………… 187

一、课堂外的哲学 ……………………………………… 187

二、《星际迷航》 ……………………………………… 187

三、《囚徒》 …………………………………………… 193

四、逃亡者 ……………………………………………… 195

五、爱玛·皮尔：女性主义偶像 ……………………… 195

第一章

这就是希腊

从半神秘的一元论到之后的原子论，古希腊人思想的这一演进是人类思想发展史上的一大飞跃。这其中有些理论，可能会让你忍俊不禁，但在当时却是最前沿、最具有开创意义的，对后世的影响极大。

一、前苏格拉底哲学家的努力

我们把世界上第一批正式的哲学家称为前苏格拉底哲学家。他们主要生活在公元前 7 世纪时兴起的伊奥尼亚地区的希腊城邦中，从事着传道、授业、解惑的活动。虽然他们的理论看上去幼稚、初级甚至是明显错误的，但这些思想家却值得高度赞扬，因为他们引导人类走上了一条令人兴奋的道路。

古希腊有着丰富的关于神仙鬼怪的神话和荷马等人口述的传说，这些神话传说在人们的头脑中可谓根深蒂固。正是在此种情况下，前苏格拉底哲学家迈出了探索自然规律的第一步。他们试图以科学的方式来解释这个世界。他们设法把某物提取分离出来——通常是土、气、火、水这四大元素中的一种——作为构成万物的基本材料。因此前苏格拉底哲学家有时又被称一元论者。

前苏格拉底哲学家的思想和哲学观点都书写在石板之上。不幸的是，这些石板只有一些碎片留传于世。因此，前苏格拉底哲学家的著作无一得以完整保存下来。留存下来的都是残篇断简，相当于你贴在电脑显示器或冰箱上的小片备忘录。

重要提示

尽管前苏格拉底哲学家的理论在今天看来也许荒唐可笑，但他们努力扫清了原始迷信（即以神魔来解释自然与现实），这种努力值得赞扬。前苏格拉底哲学家的努力奋斗为科学方法论铺平了道路。

但我们不可低估前苏格拉底哲学家的这种努力。从原始迷信到科学，这一进步是思想上的一大飞跃，而他们的哲学则形成了一个源头，由此逐渐生发出了许多在今天看来不言而喻的真理。

1. 泰勒斯：水，到处都是水

米利都的泰勒斯通常被认为是第一位真正的哲学家。他是公认的自然哲学的创立者。泰勒斯提出，世界万物由水构成。他从人体内部出发，观察到水是生命的源泉，是人生存所不可或缺的必需之物。水能够以食物的形态出现，维持生命，也能以洪水的形态出现，带走生命。水能够变成各种形态，甚至金属与岩石都能熔化成液态。总之，水以及其他流态物质是自然界中的强大力量。

尽管泰勒斯那时还无法知道人体主要由水构成，尽管他的理论在今天看来显得简单幼稚，但他确实触及到了某些真理。泰勒斯不把万事万物归结于"神"，这种理性的做法为科学方法论铺平了道路。在他生前及身后很长一段时间内，泰勒斯都被尊为圣人。

2. 阿那克西曼德：无定能量

阿那克西曼德是与泰勒斯同时代的年轻人，他不相信我们所熟知的四大元素之一的水就是世界的本原。相反，他认为，所有这四大元素及其他元素组成了一个共同元素，阿那克西曼德称之为"无定"。万物从"无定"中生成，又归复于"无定"。这一信念正预示了爱因斯坦的名言："事物既不能被创造，也不能被毁灭。"

重要提示

前苏格拉底哲学家也被称为一元论者。从定义上来说，这表示，在他们的哲学当中，他们认定构成现实世界的基本"材料"只有一种，如水、气、火等，毕达哥拉斯认为这种"材料"是数。

3. 阿那克西美尼：气，显然是气

阿那克西美尼是阿那克西曼德的学生，他把"气"单独提出来作为万物的本原，从而脱离了他导师的理论。人类需要水，同样也需要气。他相信灵魂由气构成。

水能够改变它的形态，气则能够稀疏和凝聚。气凝聚到极点就是固态物质，稀疏到极点就成了气体。现代科学家（还有"新世纪"导师）将会告诉你，固态物质其实就是凝聚到极点的能量。

阿那克西美尼把这种别有特色的材料叫作"气"，这一主张看起来似乎是荒唐可笑的，但重要的是他的原则。这种原则就是，试图摆脱超自然的东西，而以科学的视角来观察事物，就如同那些志同道合的米利西亚学者和思想家所做的一样。正是这种新的观察视角，使得前苏格拉底哲学家在世界历史上占据了重要的位置。

阿那克西美尼还有着更为复杂的理论。在当时，人们认为灵魂寓居在人体之内，由于气息从人体呼出，于是呼吸就与灵魂观联系在了一起。在古希腊，当人打喷嚏时，人们会认为灵魂有被呼出体外的危险，所以他们会在某人打喷嚏时说"保佑你"之类的话，这些话的本义就是叫灵魂返回身体。由此看来，当阿那克西美尼在主张这种一元论哲学时，也许他谈论的并不仅仅只是"气"，当然，谁也无法确证这一点。

名人轶事

毕达哥拉斯和他的追随者相信轮回转世之说，并践行素食主义。毕达哥拉斯还是被狂热崇拜的领袖人物之一。他的追随者如果泄露了他那些以数字表示的秘密就会受到惩罚。曾有传说，有人在与这位头号人物擦肩而过的时候发现自己竟然正与爱琴海的鱼在一起。

4. 毕达哥拉斯：以数为本

毕达哥拉斯并不认为构成现实的基本材料是自然界中的元素，他更喜欢把生命看作是一场数字游戏。他提出，万事万物都可以经由数学法则和公式得到解释。他还把数学规则与音乐联系起来，甚至宣称天体都围绕着一种他名之为"天体音乐"的和谐乐音运行。这真是名副其实的"宣称"，因为毕达哥拉斯从未把他的耳朵贴在九天之上来验证这一理论。

毕达哥拉斯派的思想在当时非常流行，而且传承达数百年之久。终其一生，毕达哥拉斯都是个神话式的人物，他的弟子要宣誓决不泄露死亡的痛苦。毕达哥拉斯还相信轮回转世之说，他的追随者都是素食主义者。

5. 赫拉克利特与巴门尼德

赫拉克利特绰号"晦涩者"，其学说常使人产生挫败感，他也因此而闻名于世。赫拉克利特认为，万事万物由火组成，如取其隐喻意义，则万事万物皆处于流变状态之中。在赫拉克利特看来，宇宙中没有永恒之物，万物都在瞬间变化之中。他说："你无法两次跨入同一条河流，因为水是流动的，第二次接触到的水与几秒钟前接触到的水是不同的。"生命就是一个永不终结的生与死、创造与毁灭的循环。

赫拉克利特认为，这种燃烧的循环同样也适用于人的灵魂。40 岁时的你与 20 岁时的你是同一个人吗？也许不是。受这种理论纠缠的人，可能就会忧郁起来：青春不再，爱人逝去，生命化土，而化成尘土之后你就又一次回到了起点。

知识点击

"人不能两次走进同一条河流"是古希腊唯物主义哲学家赫拉克利特的一句名言。

赫拉克利特的这一名言，说明了客观事物是永恒地运动、变化和发展着的。恩格斯曾评价说："这个原始的、朴素的，但实质上正确的世界观是古希腊哲学的世界观，而且是由赫拉克利特第一次明白地表述出来的：一切都存在，同对又不存在，因为一切都在流动，都在不断地变化，不断地产生和消失。"赫拉克利特还认为，事物都是相互转化的。冷变热，热变冷，湿变干，干变湿。他还明确断言："我们走下而又没有走下同一条河流。我们存在而又不存在。"

赫拉克利特大半生都在隐居，且性情古怪。他鄙视这个社会，而社会反过来也鄙视他。赫拉克利特有一句经常被引用的箴言"性格决定命运"，并因此而闻名于世。

巴门尼德是赫拉克利特的反对者，他著文立论就是为了反驳赫拉克利特。简单地说，巴门尼德认为这世上并没有流动的东西，事实上，万事万物是不变的。他的信条是"是者"。世间的存在物是固定不变的，变化只是幻觉而已。

巴门尼德曾著有一部史诗《真理》，就像前苏格拉底哲学家的所有著作一样，这部史诗也只有残篇遗世。不过，这些幸存下来的残篇连缀在一起，基本上能反映出巴门尼德的哲学观点。

在巴门尼德看来，你可以通过两种方式来看这个世界：你问自己这是"所是"还是"非是"。如果是"非是"，你就无法去思考它，因为你只能思考存在的事物。

巴门尼德还认为，你在日常生活中所看到的所有这些发生、发展、兴盛、消亡都只是幻觉。事物越是变化，它就越是保持不变。

6. 芝诺：乌龟与英雄

芝诺最为人所知的就是提出了两个著名的悖论。这两个悖论虽然在现实世界中无论如何也让人无法理解，但在当时却非常流行。第一个悖论辩称，你坐在房间里却永远到不了房门口。假设两点之间的距离由无数的点组成，那么你就可以把这条线对半分。接着，你可以把之前分割出的部分再次进行二分，如此以至无穷。因此，在两点之间有限的距离内，存在着无限的潜在空间，如此你就永远无法到达任何地方。当你从椅子上站起身来，走向门口，离开房间的时候，你可以思考一下这个悖论。

第二个芝诺悖论讨论的是运动的问题。当你要从一处移动到另一处，在到达终点之前你首先到达的是整段路程的中间点。而在你到达这一中间点之前，你又要首先到达这半段路程的中间点。由此，你不得不要在有限的时间内走过无限的点，而这是不可能的，不是吗？

芝诺曾举例来说明他的这个论点，这就是威武有力的英雄阿基利斯（《伊利亚特》的主人公之一，他的踵非常著名）与乌龟赛跑的故事。如果阿基利斯非常有风度地让乌龟先跑一步，那么根据之前的那个论点，他就永远也无法追上乌龟。当然，如果你要赌博的话，最好还是不要把赌注押在乌龟身上。

二、多元论者：各式材料

接下来的这一组哲学家叫作多元论者。多元论者不同于一元论者的地方在于，他们认为世界的本原不能归结为某种单一的事物，无论它是某种元素还是数学等式，抑或是世界处于流变或恒定状态的理论。在他们看来，世界是由多种元素构成的。

1．恩培多克勒：事物之根

在整合科学与玄学这一点上，恩培多克勒可与毕达哥拉斯相提并论，只不过他的专业领域是医学而非数学。传说他是一位富有领导魅力的名人，他完成的医学"奇迹"使得大众叹为观止，此外他还是天才的诗人和演说家。

恩培多克勒提出，万物的中心并不仅仅只是一种元素，相反的，我们可以在万物中发现四种根——火、气、土、水这四大元素。这四根处于不同的等级。显然，水是一种占大多数的"根"，而其他根所占份额则较少。此外，基于对古希腊阴阳互补、对立统一思想的变通，恩培多克勒在四根之外又增加了一对互补的力量，他称之为"爱"与"恨"，正是这两种力量影响着这个世界。

2．阿那克萨戈拉：知识的种子

阿那克萨戈拉发展了四根说，他宣称，现实可以归结为无数的"种子"。不像恩培多克勒的假想，这些种子包含了万事万物的因子，存在于万事万物之中，而其中某些种子是如此丰富，以致创造出来的生命具有了无限的多样性。

而针对恩培多克勒提出的"爱"与"恨"，阿那克萨戈拉则设定了"理智"（或是全知的、客观的"心灵"）来代替，正是"理智"赋予宇宙以秩序和稳定。

三、留基波和德谟克利特：原子二人组

留基波和德谟克利特这两位哲学家首先提出原子理论，即世界由名叫原子的微小粒子组成。人凭肉眼无法看到这些微小粒子，但它们却以无穷的组合而无处不在，构成了一般所谓的现实世界。在这两人当中，德谟克利特显然比较具有幽默感，因为他的绰号是"笑笑哲学家"和"嘲弄者"。据传，他每一次都能让追随他的人放声大笑。

基于留基波的理论，德谟克利特提出，原子是不可分的。这一直以来都被认可为事实，直到 1945 年 8 月，人类成功裂变原子并制造了原子弹，永远地改变了这个世界。此外，量子力学也证明了世上还存在着比原子更小的事物。但这一理论已然风靡了数千年。

四、玩转城邦：智者

接下来的这个哲学流派称为智者。智者集当时的哲学、政治、机会主义和玩世不恭于一身，显得与多元论者同样新潮。对智慧的追求、政治系统的发展和古老的商业精神这些因素，催生了一个到处漫游、教授智慧的职业阶层，这就是所谓的智者。诡辩①一词近来带上了贬义，这在很大程度上恰如其分。如果是在现代，智者很可能会老调重弹，登上电视购物节目，不厌其烦地推销他的智慧。

智者的所作所为在其他哲学家看来是有悖于良心的：他们要收取费用才肯帮助别人，而且他们可以随时改变哲学观点以迎合各种政治态势。语言上的诡辩术是他们用来交易的股票。他们可以把白天说成黑夜，把黑的说成白的，引得那些拥在一起的罗马人惊奇不已。他们有着令人叹为观止的游说本领，因此许多有抱负的年轻人都交钱来学习这些技艺。智者对于古希腊的时代精神有着独到的把握，因而受到极大的欢迎，他们在当时都是富有影响力的名人。

虽然如此，但与前苏格拉底哲学家相比，无论是智者的著作还是有关于智者的资料都很少留存下来。现存的资料主要来自于柏拉图，而柏拉图这个人憎恨智者及其所主张的一切。因此在接下来的1000年，人们对智者的看法就完全呈现出一面倒的倾向。

其实以正面的角度来看这些声名狼藉的智者，他们只是把自己看成了教师和商人而已。他们认为自己只

知识点击

"诡辩"一词进入到英语时带上了绝对的贬义，这要归因于智者。这些独立的古代精神导师与其说是哲学家，不如说是别有用心的演说家。在收取一定的费用之后，他们可以帮助人们利用修辞术和辩论技巧来在事业上取得进步。

---

①英文"诡辩"一词写作sophistry，与"智者"（sophist）一词是同一词根。

是传授技艺予他人并为此而收取一定费用。这是体面的交易，是商品的公平交易，当然，也可以说是为钱效力。

他们的信仰仅仅只是诡辩。是不是这样呢？人不应把免费得到的东西授予他人而收取费用，这是做人的原则。然而，智者并没有交易真、善、美之类的观念。他们只是实用主义者，帮助有抱负的年轻人学习和利用世俗之极的技艺，并寻求幸福、浪漫和成功，并且相当多的公民确实从智者那里学到了宝贵的技艺。

1. 普罗泰戈拉

普罗泰戈拉通常被认为是第一个智者。他一生事业有成，享有很高的声誉。智者并不看重死后的声名，他们也并不总是对精神方面的问题感兴趣。事实上，普罗泰戈拉曾被指控不虔敬，这在当时是非常严重的罪，伟大的苏格拉底就是因此而被推向了人生的终点。

普罗泰戈拉的信条是"人是万物的尺度"。这并不是指人类相比于其他生物的优越性和高贵性，实际上，这是指一种相当极端的伦理道德上的相对主义。于此是对的，于彼可能就是错的，反之亦然，这就放弃了对普遍真理的宏观把握。这样的原则自然而然地就会蜕变成"一切皆可"。只要感觉是好的，那就去做。只要能让人领先，哪怕损害他人也要去追求。

普罗泰戈拉对神也是抱着无动于衷的看法。他的态度是，你不能确切地知道神是否存在，既然你永远不可能知道，那么在你日复一日的生活中，神实际上也就不重要了，如此你也就可能忘记了神——正是由于他的这一态度，才就有了"亵渎神明"的指控及随后的死刑。

名人铁事

有一个关于普罗泰戈拉的故事，这个故事无疑是杜撰的，但却可以说明人们心目之中智者与法庭的关系。据说普罗泰戈拉教过一个年轻人，规定这个年轻人如果在第一次诉讼里就获得胜利，才交学费，否则就不交。而这个青年人的第一次诉讼就是普罗泰戈拉控告他，要他交学费。

2. 高尔吉亚

高尔吉亚被称为虚无主义者，是一位卓有成就的公共演说家。他并不把"股票"投在道德观上，他认为游说能力才是关键所在：掌握了这门本领，全世界将为你所掌控。

他的哲学可以归纳为以下的三段论：

* 无物存在。
* 如果有某物存在，人也无法认识它。
* 即便可以认识它，也无法把它告诉别人。

高尔吉亚还创作了一首嘲笑巴门尼德的讽刺诗《非是》。在这首诗里，他列举了许多可以思索的事物，但这些事物并不存在，而且永远也不可能存在。

3. 普罗迪科斯

普罗迪科斯是一位雄辩家，根据很多人的描述，他可以为了钱而厚着脸皮推销修辞术。柏拉图经常讽刺性地把他刻画成迂腐的演讲者，向听众强调着语言的准确性比任何事物都重要。普罗迪科斯的命运正印证了一句话：如果你还未准备好接受任何结果，那么就不要去犯罪。雅典官方见普罗迪科斯如此雄辩并受欢迎，于是决定以腐化青年的罪名处决他，这罪名后来也定在了更为高尚的苏格拉底身上。

第二章

希腊三圣：苏格拉底、柏拉图和亚里士多德

古语有言："水到则渠成。"经历过智者运动之后，古希腊也许已经准备好了要拉开哲学之门上的门闩，进而把哲学推上一个新高度。不管怎样，史上最有影响和最为人所景仰的3位哲学家已经向我们走来。

一、苏格拉底

当苏格拉底（公元前469~前399）登上历史舞台的时候，古代世界的伦理道德相当败坏，道德相对主义流行，人们普遍缺乏对永恒真理的重视。这位精力充沛、富有争议的雅典人，一生都在公共场所、在与雅典青年的对话中度过。苏格拉底是一个典型的古怪哲学家形象：不重外表（所有记载也都说他并不英俊），但却热衷于随时随地参加哲学辩论。

名人轶事

苏格拉底把自己比做牛虻。牛虻是一种讨厌的昆虫，喜叮马的屁股以折磨马。马会摇晃尾巴来赶走牛虻，但牛虻总是去而复返。在这个类比中，社会就是马的屁股，而苏格拉底就是永不停息的牛虻。不幸的是，社会最终手持苍蝇拍对向了苏格拉底。

1. 生平

苏格拉底出生于雅典的一个中产阶级家庭。父亲是石匠和雕刻匠，母亲是助产婆。事实上，我们对苏格拉底的青少年时代一无所知。我们知道他曾在伯罗奔尼撒战争期间在军队服役，并且因其巨大的勇气和赫拉克勒斯般的非凡耐力而在战场上脱颖而出。就像大

多数的雅典公民一样，他还参与法定的公共事务。雅典是一个城邦，这听起来像是具有一定规模的城市，但其实所谓的"城邦"是独立自主的国家。忠诚和服务国家是强制性的，在大多数情况下人们都会毫无怨言地履行这一职责。苏格拉底有一个妻子，关于她几乎没有任何记载，除了她的名字——珊蒂佩。

苏格拉底在青年时代显然研习过包括恩培多克勒和其他前苏格拉底哲学家在内的自然哲学家们的著作。当然，那时这些人并不叫作前苏格拉底哲学家，因为苏格拉底在那时还未成为整个古典时代的中枢点。苏格拉底对智者的著作也非常熟悉，如果他愿意的话他能够轻松自如地运用智者的技巧。不过，苏格拉底最终摒弃了这两种流派的学说，他认为，真理既不存在于自然界中，也不是某种被言语伎俩和小聪明所把玩的东西。

我们所知道的苏格拉底的生活，主要集中于他 40 岁左右至 70 岁逝世这一段时期。苏格拉底生活朴素，主要依靠的是继承来的遗产和国家的补贴，正是依靠这些，苏格拉底才得以过上悠闲的绅士和成熟哲学家的生活。苏格拉底还是雅典最为著名的"本地特色"之一，他整天在城中闲逛，与任何能参与进来的人交谈。

2. 苏格拉底式对话

苏格拉底与人进行交谈时总是先向对方提出问题，使对方在应对中进行自我思考，这种非同一般的交谈方式被称为苏格拉底式对话。而这种提问与应答，就对立观点进行逻辑辩论的形式就是辩证法。

苏格拉底扮演的是雅典青年的导师这样一个角色。他的对话经常使得对话者在推理上左右不是，感到自己智慧上的不足。苏格拉底非常善于展现出观点的不妥之处，或

重要提示

苏格拉底经常和人辩论。辩论中他通过问答形式使对方纠正、放弃原来的错误观念并帮助人产生新思想。苏格拉底教学生也从不给他们现成的答案，而是用反问和反驳的方法使学生在不知不觉中接受他的思想影响。

这种教学方法有其可取之处，它可以启发人的思想，使人主动地去分析、思考问题。

者更准确地说，善于使对话者自己找出不妥之处。他这样做并不是出于恶意，也不是想让自己显得高人一等，而是出于对真理的爱好，他只对真理感兴趣。当然，并不是人人都乐于被人揭示出自己在哲学上的无知，就算是出于最高尚的目的也不行。因此，有一小部分人把苏格拉底视为敌人。

苏格拉底认为自己是思想的"助产婆"。也许因为母亲是助产婆的缘故，他喜欢这个类比。苏格拉底并不创造深刻的思想，他坚持这一点。他更喜欢的是从对话者那里把思想"接生"出来。

3.苏格拉底的为人

由于苏格拉底从不著书立说，所以我们有的只是柏拉图对苏格拉底的记载和解读。

一般认为，早期的苏格拉底对话忠实地记录了苏格拉底的言行，而晚期对话中的苏格拉底则只是虚构的人物形象，是柏拉图哲学的传声筒。

苏格拉底在本质上利用了诡辩的方法来推进他的观点。但苏格拉底从未就他传授的知识收取过任何费用。这种分文不收的行为把他与以牟利为目的的智者区分了开来。而且苏格拉底在轻巧地击败辩论对手之后并不沾沾自喜。他追求的是真正的真理。他并不在意智者们提心吊胆所渴求的自我提升、财富、名誉和权力。苏格拉底还谦虚地宣称，自己没有智慧，有的只是无知和永远探询的本性。德尔菲神庙曾有神谕，特别宣布苏格拉底是世界上最有智慧的人。苏格拉底对此反驳说，如果他真的是有智慧的人，那只能是因为，真正有智慧的人会承认自己一无所知。

苏格拉底坚持并热衷于让自负自大的人显得愚蠢不堪，这使得苏格拉底在雅典上流社会当中树敌颇多。"亵渎神明"这个讨厌的幽灵在苏格拉底的活动中投下越来越大的阴影。一些人提出来要捉拿苏格拉底，最终他们成功了。但是苏格拉底自始至终都坚持了自己的原则，他的哲学笑到了最后。

4.苏格拉底的申辩

苏格拉底因"亵渎神明"和"腐化青年"这两项罪名而被带到了法庭之上，他作了雄辩的演讲来为自己辩护，柏拉图记录了这场演讲，这就是《申辩》。在古希腊语中，把"申辩"一词理解为"辩护"显得更为准确，因为很难说苏格拉底在整场演讲当中抱的是愧悔的态度①。《申辩》涵括了苏格拉底个性的精华及其哲学的本质。这场演讲的主旨是，苏格拉底声称自己将在审判过程当中放弃辩护。柏拉图也许在文章中加入了些许诗意，但《申辩》看起来确实描述出了苏格拉底个人的思想、行为等方面的精髓。

5. 苏格拉底在雅典

雅典是一个民主制的城邦，但在与临近的斯巴达经过多年的战争之后，雅典曾有一段时期被斯巴达接管。这一时期出现了被后世称为"三十僭主"的政府，这个政府在其被推翻之前曾对民众实施了 1 年左右的恐怖统治。在这"三十僭主"当中，有一位僭主曾是苏格拉底的学生，于是重建之后的民主政府利用这一点作为起诉苏格拉底的借口。苏格拉底在雅典本地是非常受欢迎的名人，但却被当权者极度排斥。

指控者把苏格拉底与原子论者和智者联系起来，前者的科学方法论被认为是对神的摈弃，后者则被认为是最恶劣的吹牛大王。苏格拉底承认这种诽谤性的谣言多年来一直伴随着他，但他否认这项指控。虽然他曾一度对自然科学怀有兴趣，但他后来发现人类及其千变万化的复杂性比前苏格拉底哲学家那些干巴巴的理论更为有趣，他的哲学已经转而专注于此。苏格拉底还分清了自己与智者的界限，他指出，自己并没有就教授哲学而收取任何费用，也没有想要教诲或教导人。他只是引导人内在的、被遮蔽了的东西浮出水面，促使人们思考。苏格拉底一生都在诘问那些有代表性的雅典公民，从政治家到诗人再到工匠，他发现，虽然人人都自称具有洞察力和智慧，但他们都像自己一样无知——甚至是更无知，因为他们还认为自己具有一定的知识。苏格拉底一遍又一遍地重复着他反驳德尔斐神谕的故事，表明他一无所知。这被称为"苏格拉底式无知"。

6. 审判

审判使得苏格拉底有机会来诘问指控者，他有条不紊地利用他的思想

①英文"申辩"一词写作apology，既有辩护的意思，也有认错、道歉、愧悔之意。

助产术在双方的辩论中打开缺口。他在逻辑上和理性上连连得分，不断地招惹着那些将要决定他命运的人。

在整个申辩过程当中，苏格拉底继续阐述着他全部信仰的核心：过有德行的生活是最重要的。生命的全部意义就在于做正确的事，避免做错误的事。有德行就是这样做的奖励；做错事就是没有这样做的惩罚。成为恶人是再糟糕不过的事情。如此，如果苏格拉底确信自己是一个有德行的人，那么只要他坚持自己的立场，对手就无论如何也不能真正伤害他。苏格拉底还在演讲中表示，自己不惧怕死亡。既然能在天堂中不朽，既然这不算什么，为什么要惧怕呢？

不过话又说回来，尽管作为一个独立的思想家，尽管自封为"牛虻"，但苏格拉底也认为，对城邦的忠诚还是德行的一个重要组成部分。事实上，无论苏格拉底还是柏拉图都对民主制有所保留。具有阶级自觉意识的希腊人相信，某类受过特殊训练、富有智慧的公民应该承担起治理国家的责任（如柏拉图即将提出的"哲学王"的概念）。

在漫长的辩护过程中，苏格拉底似乎已经充分察觉到，这个私设的法庭将不会善待他，而他也做好了迎接判决的准备。他并没有想要降低身份获得法庭的怜悯，他义正词严地面对着指控者。不管结果如何，苏格拉底继续做着他认为正确的事。

重要提示

苏格拉底的人生信条是："未经审视的生活毫无价值。"这可说是每个追随苏格拉底的哲学家的一致呼声。与此相似，苏格拉底还提出："认识你自己。"换句话说，智慧并不仅仅来自于观察，还来自于内省。

果不其然，陪审团做出了有罪的判决。按照当时的惯例，被判决有罪的人可以提出自己所需要的判罚。苏格拉底提出，他应被赋予自由的空间和平台，并在其有生之年得到政府的支持。毫无疑问，这个提议立刻被否决了。苏格拉底于是又提出，可以处以名义上的罚金。他还宣称，如果他还能活着，那么他就不会停止研习哲学。就是在这个时刻，苏格拉底发出了他最著名的呼声，这句格言应是每个哲学家安身立命的根本："未经审视的生活毫无价值。做正确的事是拥有德行唯一的途径，而内省与自我考察则是学习何为正确的途径。"

苏格拉底最终被判处了死刑。在对法庭的最后发言中，苏格拉底重申了他在申辩中所讨论的题目。他已准备好了赴死，因为死亡比背叛自我要好。而且，他还准确地预言，虽然他个体的声音能被抹去，但哲学家将不会停止哲学思考。

7. 苏格拉底之死

苏格拉底就像世俗的殉道者一样面对着生命的终点。与其面对责难保持沉默，不如按照自己的信念走向应有的结局。苏格拉底已经有条不紊地使迫害者显示出他们的愚蠢无理，但这却不能保证自己被无罪释放。他并没有如当权者所期望的那样在法庭上谋取怜悯，也没有乞求流放以代替死刑。在判决确定之后，政府曾有消息泄露给苏格拉底，他要是选择越狱的话，政府并不会大力追捕。政客们现在面临着难题，因为要处决的是一个极受欢迎的国宝级人物。终于，在拒绝了一些弟子提出帮他越狱的请求之后，苏格拉底饮下了毒芹汁，在崇敬他的追随者们的陪伴中死去。柏拉图在《裴多篇》中描述了这个感人至深的场景。苏格拉底在与他的朋友和学生告别的时候非常平静。事实上，这是一件在他人协助之下的自杀事件，因为正是当时的陪伴者之一调制了给苏格拉底喝的毒芹汁。

陪伴者在当时都处于悲伤之中，意志消沉，苏格拉底于是试着安慰他们，他提醒陪伴者说，消亡的只是他的肉体。苏格拉底的孩子们也被带来见他。苏格拉底于是把妇女赶出房间，轻声叱责男人们不要流泪，不要悲伤。他舒服地泡了一个澡，并与几个平时交谈甚欢的狱卒互相开着玩笑。他的朋友克里同请他等到日落之后再饮毒汁，他有权好好享受这生命最后一天的剩余时光，但苏格拉底却希望尽快了断。他根本不害怕，毫不犹豫地饮下了毒汁。苏格拉底还要求哭泣的朋友们平静下来，这样他才能安详地死去。他感到身体麻木起来，于是拉上了被子，但还挣扎着说了最后一句著名的话，这句话对于一个如此伟大的哲学家来说是显得过于平常了："克里同，我还欠阿斯克勒庇俄斯一只鸡，你能记得帮我还掉这笔债吗？"然后，就如莎士比亚所说的，现在一颗高贵的心灵破碎了。

8. 苏格拉底的精神遗产

苏格拉底在当时的世界是一个传奇。他在死后被赋予了某种神话色彩。许多后起的哲学流派宣称自己保存了苏格拉底的学说。这些哲学家经常相互冲突，然而大多数人只是强调了苏格拉底学说的某一个方面：

* 麦加拉学派专注于逻辑学。
* 伊利安学派继续发扬苏格拉底式对话，亦即辩证法。
* 犬儒学派弃绝通行教育，认为内省才是通向智慧的道路。
* 昔勒尼学派追寻快乐，是享乐主义哲学的先行者。

然而，所有这些流派仅仅只是巨大的苏格拉底哲学拼图中的一小块而已。真正完全继承并发扬了苏格拉底传统的，只有柏拉图，而柏拉图也因此成了古代世界拥有伟大心灵的代表之一。

二、柏拉图

柏拉图（公元前 427~前 347）是苏格拉底最著名的门徒。他继承了苏格拉底的精神遗产并在此基础上建立了自己的理论体系。他还创建了一个哲学流派，名字相当普通，就叫"学园"。柏拉图哲学的基本意图和目标可以在他所讲的"洞穴"寓言里找到。

1. 洞穴

这个故事意在指出，大多数人的眼睛都蒙着一层纱布，他们所观察到的只是真和美这类事物地扭曲了的投影。试着想象一下这样一群人：他们戴着锁链，被囚禁在一个昏暗的洞穴里，这个洞穴只是靠着这群人身后的一堆大火来照明。这群洞穴人于是只能看见他们自己和其他事物在眼前墙壁上的摇曳的投影。这些投影对他们来说就是现实。

大多数人是循规蹈矩和因循守旧的，因此他们不假思索地接受了这种现实。而那些爱好寻根究底的心灵越是想要理解他们的这个世界，就越是想要看清这些投影。但他们终归抓不到真理。

这时，有一个囚徒想方设法挣脱锁链逃出了洞穴。于是逃脱者进入到了阳光之下，但由于阳光太刺眼而不能直接看事物，他还只能看现实事物的影子。不过，随着时间的流逝，这个人的感官终于适应了周围的环境，能够更加清楚地看事物：大地的景色、天空和太阳的照射。

最后，这个焕然一新的灵魂返回洞穴，试着告诉大家在这幽闭的洞穴之外有着一个"美丽新世界"。洞穴人对此将会作何反应呢？他们将会勇敢地走上艰难但却充满希望的旅程，去这个逃脱者去过的地方，从而离开黑暗走向光明吗？在柏拉图看来，答案是不。这些洞穴人更倾向于杀死这位先知，因为他对现状构成了威胁。

这个逃脱者显然指的就是柏拉图的导师苏格拉底，作为引路人，哲学家总是被指责、嘲讽，最后以死亡而告终。同时，这则寓言也指出，越是轻松容易的生存方式，人们就越是会持保持现状的心态，这就对人类偏好于选择蒙昧的生存态度提出了批评。

2. 型相

柏拉图活至 80 岁，这在当时已属长寿之极，在这 80 年的岁月中，柏拉图成了伟大的哲学家，其他所有哲学家都要从他这里吸取灵感。一些人赞同、改造和扩展他的理论，一些人则反对和反驳他的理论，无论如何，所有这些人都受到了他的影响。

柏拉图非常坚定地主张外在于主体的"理念"论，或者也可叫作"型相"。在柏拉图看来，我们能够欣赏海风徐徐的海滩之美，欣赏海滩上的古铜色的健康形体，这都是因为存在着外在于这些东西的、存在于以太①中的美的型相。美的理念是一种存在着的实体，正是它使得我们在物理世界中看到的某些东西显得漂亮。《海滩护卫队》中的那些俊男美

重要提示

柏拉图是西方教育史上第一个提出完整的学前教育思想并建立了完整的教育体系的人。他要求 3～6 岁的儿童都要受到监护，并集合在村庄的神庙里游戏、听故事和童话。柏拉图认为这些都具有很大的教育意义。7 岁以后，儿童就要开始学习军人所需的各种知识和技能，包括读、写、算、骑马、投枪、射箭等。20～30 岁，那些对抽象思维表现出特殊兴趣的学生就要继续深造，学习算术、几何、天文学等学科，以锻炼思考能力。

_____
①以太，在古希腊被认为是占据天体空间的一种物质。

女仅仅只是美的型相的影子，在这些转瞬即逝的美当中，我们永远也无法捕捉到美的型相。柏拉图相信，在超自然的领域中存在着真善美，它们漂浮在四周，其影子投射在洞穴内的墙壁上，而我们这些终不免一死的凡人则只能看到它们那摇曳不定的、转瞬即逝的影子，当然，柏拉图永远无法证明这一点。在柏拉图看来，人类是天生的真理追求者，努力地要抓住这些型相，但他的认识离型相总是有所差距。虽然如此，柏拉图还是对人类所具有的认识模式进行了分类。

根据柏拉图的分类法，认识可以分为 4 类：

* 由想象、梦幻等这些后来被称为无意识的东西得来的认识。

* 我们对外部世界的认识。

* 数学知识。

* 哲学知识，这是一种宏大叙事型的知识，一种对绝对和普遍真理的体悟，而普遍真理的形式正是那些难以捉摸的型相。

柏拉图把前两项仅仅只是称为"判断"，因为这两种认识可以是真实的，但它在每个人那里都是不同的、可变的。后两项才是"真正的知识"，因为柏拉图相信，二加二永远不会等于五，而型相正是不可变的、永恒的、不能被搞混的真理。

你也许会问，那么在这幅图景里上帝被放在哪里了呢？柏拉图认为，在众型相中，有一种型相叫作"善"，这就是上帝。在柏拉图看来，型相所在的那个神秘领域是真正的真实，而我们人类这可怜的造物却把洞穴中的投影当作我们的现实。

3. 灵魂回忆说

与之前的毕达哥拉斯一样，柏拉图也相信轮回转世之说。我们在此生之前都已活过，而且将会继续活下去。与此同时，在我们死亡之后、转世之前的这一段时间内，我们曾进入到型相的世界并且最终"抓到了型相"。对，就是这样，不过就像所有这类故事通常会有的情节，这中间出了点变故。一旦我们回到尘世，我们就忘记了在天国中所领会的所有东西，只留下了模糊的、纠缠不休的意识——似乎在我们自身之外存在着更为重要的东西。

而正是这种永不休止的回忆失落知识的尝试，造就了我们之中潜在的哲学家。柏拉图相信，我们之中真正邪恶的人没有机会重过另一种生活，他们将会永世不得重生，当然，这对那些在其理论中渎神的人来说毫无意义。

实际上，感官世界和感官享受阻碍了我们寻求真正的幸福，因为感官世界和感官享受更多地把我们束缚在了现实世界之中，而在柏拉图看来，现实世界并不是最高的真实。

4. 柏拉图的理想国

《理想国》是柏拉图最著名的作品之一，在这部著作中，柏拉图提出了他的政治哲学。柏拉图看到了他敬爱的导师苏格拉底被失去控制的民主制政府不公正地谋杀，因而他厌恶这种形式的政府。他设计了一个"理想的"社会政治的国家，在读完下面的内容之后，你可以想想自己是否会喜欢生活在这样的国家里。

柏拉图讨厌那种粗野的、自私自利的个人主义。他认为，每个人都应该是国家的一部分，并且是能给国家做出贡献的一员。公民就像身体里的细胞，国家决定他的职责。柏拉图简单地把公民分成了几个阶层，或者更准确地说，公民在一种如印度种姓制度般的制度安排中被组织起来。柏拉图把哲学家这一阶层放在了他所设计的社会阶层的最顶端，当然出于他自身的职业选择，这也并不奇怪。哲学家阶层是国家的统治者，武士阶层保护国家，而生产者阶层则以产品、服务和技能为国效力。

看起来这个所谓的"理想国"并不是那么民主，是不是？确实如此。作为统治阶层的哲学贵族，也就是柏拉图所提出的著名的"哲学王"，将会处理国家的大小事务。他们一边要引导其他的阶层，保证军队处于控制之中，保证生产者的勤劳努力，一边又要思考型相的世

知识点击

你也许会不太愿意生活在柏拉图的理想国这样一个具有乌托邦性质的理想社会里。这里有着严格的种姓制度，下层没有往上升的机会，所有的艺术都被取缔，只因它们对真理的模仿太弱。"我要MTV"的呼声根本不可能进入到那些贵族的耳朵里。

界，并且要使现实尽可能地与型相相吻合。

出于上流社会对生产者的傲慢，生产者阶层被排除在了公共教育之外。公共教育是哲学家和武士阶层的特权。

在柏拉图的理想国里，人们也学习艺术，但柏拉图并不看重艺术。艺术是对现实的模仿，这也就是说，艺术是对高贵型相的一种次等逊色的表现。因此柏拉图相信艺术并不属于理想国。在柏拉图理想国的城门上，刻着几个显眼的大字："艺术家不得越过此处。"

诗歌也是被禁止的。因为诗歌表现人的情感和激动的情绪，这些只会把人进一步束缚在物质世界中。而公民的目标应是为理念而奋斗，肉欲激情只会使人沉溺于这有着严重缺陷的尘世，公民对此应避而远之。柏拉图并没有看到艺术和诗歌也能激发和提升人的灵魂，他只是把它们看作某种使人腐化的东西。

柏拉图还认为，儿童也应离开父母而由国家设立的、哲学家阶层监管的机构来抚养。他相信，国家能比父母更好地抚养（和灌输思想给）儿童。他还主张废除私有财产。不过，这些都是针对哲学家和武士阶层而言的。生产者阶层，那些手工艺人和劳动者可以自己抚养孩子，保有他那份微不足道的财产，因为他们除了贡献以外在其他任何领域都不重要。

哦，对了，柏拉图不仅认可共享财产，他还认可共享妻子！看来，柏拉图的这些"理想"对现代人来说很难是理想的，但不管怎样，他仍然是古代的三圣之一。而且就像苏格拉底指导了柏拉图一样，柏拉图接下来则指导了亚里士多德。

三、亚里士多德

亚里士多德（公元前 384～前 322）是柏拉图的学生，在柏拉图所创立的学园呆了 20 年。他是一个奇才，被公认为是柏拉图的接班人。虽然如此，亚里士多德却在许多关键问题上与柏拉图持有不同的意见。柏拉图逝世后，亚里士多德开始周游世界，其中他花了 5 年时间指导一名早熟的 13 岁少年，这位少年将在哲学之外的领域声名大噪——这就是世界的征服者亚历山大大帝。亚历山大大帝英年早逝，但在这之前他持续不断地征服已知世界，在这一点上，亚里士多德的学生中无人能超过亚历山大大帝。

亚里士多德最终也创立了自己的学园，名字叫作"吕克昂学园"。亚里士多德喜欢一边散步一边进行哲学思考，后面则跟着求知若渴的学生。他的学生因此而得名"逍遥派"，其意思就是"散步"。

1. 亚里士多德的异议

亚里士多德在许多理论问题上与柏拉图意见不合。也许有些人认为怀疑老师是一种"坏的型相"，不过亚里士多德不同意的恰恰就是柏拉图提出的"型相"概念。

柏拉图认为，众多的型相漂浮在一个完全不同的异次元空间里，真、善、美和许多概念并不依靠于我们人类的理解，它们其实是单独存在的实体。亚里士多德则认为，型相这种理论不合逻辑，也无法证明。柏拉图认为，我们所说的现实在真实程度上低于型相所构成的以太世界。亚里士多德则认为，此时此地的物质世界已经足够真实，型相也不是别的什么事物，它就是我们感官所认识的这个世界的内在特质。亚里士多德把他对型相的这种修正版叫作"共相"。世间存在着普遍真理，我们无须另造一个时空就能找到它们。

柏拉图相信理念和它们的次等模仿的存在。前苏格拉底哲学家巴门尼德认为万事万物是恒定的，赫拉克利特则认为万事万物是流动的。亚里士多德集各家所长，改造这些互相对立的观点，于是便形成了自己的学说，并成了那时的基本观念。这就是"潜在说"，它也许可以说是亚里士多德对哲学最主要的贡献了。

2. 潜在说

"潜在"的意思是指在任何事物（包括人）之中，都存在着一种自然的演进力量，这种力量促使自身实现自身的潜在性，从本质上来说就是要完成它应具有的形式。这是自然界和人类中的一种从不完美到完美，或者说尽可能地接近于完美的运动。在亚里士多德看来，这是嵌在所有事物中的一种机制，是一种无意识的运动。大至宇宙范围内的大爆炸到大冷却，小至人类的出生到死亡的周期循环，整个世界都处于永恒的从某物成为某物的运动过程当中。

亚里士多德把引起事物从潜在到实现的这种运动的原因归结为以下4种：

* 质料因即是指一种内在的要创造或创始新事物的力量。

* 动力因就是这个创造的过程。

* 形式因就是处于自然状态的某种事物。

* 目的因就是当事物实现它的潜能时所要达成的目标。

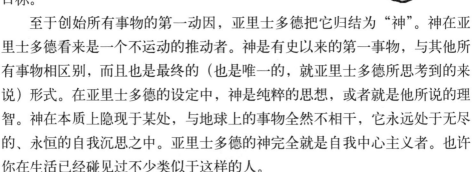

名人轶事

亚里士多德以"三段论"而闻名，所谓的三段论就是指，选择两个真命题，把两者联系起来，就可以得到第三个真命题。最著名的三段论的例子就是"人都是有道德的。苏格拉底是人。因此，苏格拉底是有道德的。"亚里士多德认为，三段论是获取知识的最佳方式。

至于创始所有事物的第一动因，亚里士多德把它归结为"神"。神在亚里士多德看来是一个不运动的推动者。神是有史以来的第一事物，与其他所有事物相区别，而且也是最终的（也是唯一的，就亚里士多德所思考到的来说）形式。在亚里士多德的设定中，神是纯粹的思想，或者就是他所说的理智。神在本质上隐现于某处，与地球上的事物全然不相干，它永远处于无尽的、永恒的自我沉思之中。亚里士多德的神完全就是自我中心主义者。也许你在生活已经碰见过不少类似于这样的人。

亚里士多德认为，人类的灵魂是身体的一部分，而不是独立的实体。他信仰现在称之为"身体意志"的观念，即我们人类是由物质和精神材料共同构成的有机体。因此，人死之后灵魂也就不存在了。不过，每个灵魂都充盈着理智或是普遍意志，所以当你在生理上死亡之时，内在于你的理性将会飞升入以太世界中。

3. 幸福和友谊

亚里士多德的伦理学观点是，幸福是人类的终极目标。当然，这并不意味着一切皆可称为幸福。在亚里士多德看来，只有通过过有德行的生活才能得到真正的幸福。他相信所有事物当中都存在着幸福的媒介。节制是一种主要的美德。它使人远离邪恶的束缚，自由地实现自己的潜在。在现今这样一个目标导向的时代，人们可能会误认为这是一个目标，即要在物质上有所成就。其实亚里士多德所说的是"潜在"的内在运动，这种运动冥冥之中驱动着包括人类在内的世间万物。所以，不管我们明了与否，我们总是在不停地"实现潜在"。这就是过有德行的生活和幸福生活的人所要走的道路和所要达到的目标。

亚里士多德还对友谊赞誉有加。真正的友谊需要培养和珍惜。真正的朋友就像你的另一个副本，一个精神上的副本。真正的朋友就像是"给自然照一面镜子，给德行看一看自己的面目，给荒唐看一看自己的姿态，给时代和社会看一看自己的形象和印记"。换句话说，亚里士多德主张有德行的潜伴制度^①。

在政治上，亚里士多德认为，人类是社会性动物，本能地寻求集体生活。整个社会就像一个扩大了的家庭，并应用了某些规则。亚里士多德时代的规则不同于我们今天的规则。亚里士多德认可奴隶制度，认为奴隶就是一种财产，他们没有任何的权利。对于商业交易，亚里士多德认为高利贷，或是在贷款中收取利息，都是极其可憎的行为——对于这一点，现代社会的人们在支付信用卡账单时一定深有同感。

4. 政治

亚里士多德指出，最好的三种政体是君主制、贵族制和立宪制，而当这些政体被扭曲之后，它们相应地就蜕变成了暴君制、寡头制和民主制。是的，在亚里士多德思想意识中，民主制是一种坏政体。他认为民主制就是多数人的混乱统治，相对地，寡头制就是少数精英的统治。

---

①潜伴制度，原指潜水时必须要有伙伴同行，相互保护对方的安全，这里泛指人与人之间平等互助的关系。

5. 艺术和戏剧

亚里士多德与柏拉图的不同还体现在另外一个领域：艺术欣赏。模仿是最真诚的形式，人类喜欢各种现实的反映，从马奈和莫奈到《天鹅绒上的猫王》和《玩扑克的狗》[①]。亚里士多德不像柏拉图，他并不认为艺术是现实（现实本身又是更高真实的逊色模仿）的逊色模仿。他认为，艺术是美化和理想化现实的一种手段，因而艺术是我们人类尽力接近理想的一种方式。他认为艺术是高贵的，并不是浪费时间。

对于戏剧，亚里士多德认为喜剧帮助人们看清自己的荒诞和愚蠢之处，而经典意义上的悲剧则使观众获得净化，即观众在安全的古希腊圆形露天剧场里产生出一种纯净的情感反应。根据亚里士多德的说法，观看舞台上所表现出来的人类的伟大和愚蠢具有治疗的功效。

重要提示

作为一位最伟大的、百科全书式的科学家，亚里士多德对世界的贡献无人可比。他还是一位真正的哲学家，几乎对哲学的每个学科都做出了贡献。他的写作涉及形而上学、心理学、经济学、神学、政治学、修辞学、教育学、诗歌、风俗以及雅典宪法。他的研究课题之一就是搜集各国的宪法，并依此进行比较研究。

扫码获取更多资源

---

① 《玩扑克的狗》是美国画家C.M.库力德格于1910年左右创作的一系列画作，后被广泛运用在各种广告招贴画、挂历和印刷物中。

第三章

希腊化时期的衰落

随着亚里士多德的逝世，希腊哲学的光辉时期也到了尽头，但人类知识的发展却才刚刚起步。从深厚的希腊哲学传统里涌现出了罗马世界最主要的4个哲学流派（伊壁鸠鲁主义、斯多葛主义、怀疑主义和新柏拉图主义）。虽说我们现在讨论的是罗马，但我们通常把这个时代归为希腊化时期。

一、希腊一枝独秀时期的结束

随着亚里士多德和亚历山大大帝的逝世，希腊在一定程度上开始在整个世界中失去其一枝独秀的地位。亚历山大大帝是马其顿的君主，也是亚里士多德的学生，他虽然英年早逝，但在这之前他已征服了已知世界的绝大部分。正是由于亚历山大之前受到过古希腊经典理论的浸润，因此当入侵者占领希腊之后，承蒙他的保护，希腊的文化和哲学得以保存下来。

亚历山大死后，政治的混乱削弱了这个曾经一度繁荣强盛的文明国家。当一切都尘埃落定之时，罗马帝国已成了地中海世界最强势的力量。希腊人在这个地球村中沦落为二等公民，虽然如此，希腊的哲学、神话和文化却影响了整个罗马世界。罗马诸神其实就是换了新名字的希腊诸神而已。

重要提示

希腊哲学的各个流派带给我们许多至今还在使用的词汇。"伊壁鸠鲁"、"斯多葛"、"怀疑"和"犬儒"这些词过去曾是哲学流派的名字，现在则通常被用来描述那些与这些哲学先人多少相类似的个性类型。

二、犬儒派

犬儒派是苏格拉底的追随者，他们对生活和哲学有着激进的看法。"犬儒"一词出自于希腊语中的"狗"。据说这是因为犬儒主义者拥有表达的自由，这一点更像是动物王国里狗的行为，而不像是上流社会里翩翩君子的行为。

犬儒派的思想体系建立在纸莎草文献之上，从这个意义上来说，他们并不是哲学家。他们更像是某种特立独行的哲学学说的活证明。他们嘲笑社会的伪善，被认为是漫游的智者和苏格拉底式的单口滑稽演员。作为一种更加正式的哲学，斯多葛主义吸收了不少这些古怪的犬儒派的原则信条。

1. 安提斯泰尼

安提斯泰尼是犬儒派的创立者。他最初跟随智者高尔吉亚学习，但最终却信仰了苏格拉底的学说。只要智慧的苏格拉底开堂讲学，安提斯泰尼就会不远千里赶来聆听。他是个落魄的年轻人，胡子拉碴，衣衫褴褛。博学多识而又爱骂人的苏格拉底热衷于揭露各种自负，他就骂安提斯泰尼这种远古版的"格伦吉"①打扮，是反向的自恋和做作。尽管如此，追随安提斯泰尼的犬儒主义者却也喜好这种肮脏的做派。

安提斯泰尼遵循苏格拉底的教训，认为德行是通向幸福生活的关键所在，而其回报就是德行本身。他认为，宇宙由一种神圣的力量统治，但这种力量由许多神混合组成；这种观点显然不是一神论的宗教观。与其他许多哲学家一样，安提斯泰尼认为这个神圣的世界天生就不可知，因此无须对其进行太多的思考。

安提斯泰尼还对他所鼓吹的理论身体力行，他穿一件破旧的斗篷，从不刮胡子，以一种简单而又原始的方式生活着。安提斯泰尼认为当代人过于奢侈铺张，因此他要以这种生活方式进行对抗。犬儒派在许多方面都可以说是希腊化时期的嬉皮士。

2. 狄奥根尼

狄奥根尼是犬儒派中最著名的一个。他拼了命要成为安提斯泰尼的弟

---

① "格伦吉"英文为grunge，是美国俗语，意指"难看难闻、肮脏丑陋的东西"，"格伦吉"作为一种音乐流派和生活方式在20世纪90年代成为青年人的时尚，其特点是喧闹的电子乐和肮脏的打扮。

子，但后者最初却用棍子把他从屋里赶了出来。不过最终安提斯泰尼还是被狄奥根尼不屈不挠的求学意志所感动，把他收入了犬儒派。

狄奥根尼过着一种漂泊不定的流浪汉生活，衣衫褴褛，以乞讨为生，经常睡在大街上，有时也会睡在桶里。他老年时曾在海上旅行，结果被海盗俘虏卖做了奴隶。在竞价环节中，他宣称自己是天生的领袖，所以只有那些想要找一个导师的人才会买他。当时人群中的一位富翁觉得这挺有趣，于是就立刻买下了他，并让狄奥根尼作他孩子的老师，使他重获自由身。据说正是在这一时期，狄奥根尼遇见了亚历山大大帝，而这位古怪的犬儒主义者却因为这位世界的征服者挡住了阳光而要求他走开。这种行为显然极大地吸引了亚历山大。

所有这些奇闻轶事看起来就像长篇故事，而事实上这很可能只是故事。诸如尤文纳尔和普鲁塔克这些诗人和剧作家就在事实基础上编造了很多这类故事。甚至关于狄奥根尼的死的论述都很可疑。传说他活至90岁的高龄，他死之后人们在他的墓地上竖了一个狗的塑像。

三、伊壁鸠鲁主义：快乐原则

伊壁鸠鲁（公元前341~前270）也许是众多伟大思想家当中被误解得最深的一位。他的名字及其哲学变成了恣意的享乐主义的代名词。人们普遍认为伊壁鸠鲁式的生活方式就是宣扬官能享受，为了享乐而享乐，沉溺于各种伤风败俗的酒色享受之中。

1. 真实的伊壁鸠鲁主义

伊壁鸠鲁是一个谦虚、文静和害羞的人，如果他看到自己的名字将要并且一直将要与寻欢作乐联系在一起，恐怕他会吓得呆住。确实，伊壁鸠鲁强调对快乐的追求，但是他所定义的快乐更倾向于是那些整日泡在电视机前的人所享受到的快乐，而不是浪荡子的快乐。

伊壁鸠鲁过着一种平静的、冥想的生活，吃喝都有节制，他所做的哲学思考大部分都是在他躺在吊床上时进行的。虽然伊壁鸠鲁认为自己是原子论者，遵循着德谟克利特的权威学说，即现实可以化简为不可分的原子，

知识点击

伊壁鸠鲁主义真正所要表达的其实是我们今天通常所理解的伊壁鸠鲁主义的对立面。虽然真正的伊壁鸠鲁主义确实表达了追求快乐的意思，但它所谓的快乐是适度、阅读和内省，而不是今日这个词汇所暗示的那种沉溺于感官享受的快乐。

但科学这一领域并不是他主要的兴趣所在。伊壁鸠鲁无论怎么说都不能算是一个信仰精神灵魂之类学说的人。理性的原子主义者的思想告诉他，死亡归根结底就是构成身体的原子集合体分解，然后重新归入世界。至于死后是否存在灵魂，伊壁鸠鲁则根本没有提及。人是原子，必将回归为原子。然而，这并没有让伊壁鸠鲁悲伤。虚无当中不存在任何痛苦，当你死了，你就是死了，仅此而已。你将不会意识到死这一点，因为你已不复存在，所以根本没有理由惧怕死亡。

当时的许多宗教领袖认为伊壁鸠鲁的哲学带着些许无神论的调子。而伊壁鸠鲁的弟子则坚决否认这一点，他们认为，伊壁鸠鲁虽然不惧怕死亡，但并不缺乏虔敬。这场争论也许能够解释为什么几乎没有一本伊壁鸠鲁的著作能够保存到今天，以致我们只能依靠二手的资料。当基督教成为罗马帝国的官方信仰和哲学之后，可以想见，那些从未停止剿灭异端学说的早期教父们，很可能早就把伊壁鸠鲁及其论著扔进了历史的尘埃之中。

2. 感官的重要性

伊壁鸠鲁认为，我们所有的知识都经由感官，而且只能经由感官而来，他认为感官是值得信赖的，这正好与怀疑论者相反。

"幸福生活"是伊壁鸠鲁所从事活动的名称：过上好的生活就是"幸福生活"的全部意义。伊壁鸠鲁认为，人类的处世方式应该是追求快乐，避免痛苦。

伊壁鸠鲁认为，欲望可以分为以下几种：

* 生存所必需的自然欲望（如食欲和谋求庇护的欲望）。
* 自然的、但却不是必需的欲望（如性欲）。
* 超出个人需要的、应避免的欲望（如追求名利的欲望）。

自然欲望相对来说易于满足，而虚荣心驱使下的欲望则难以实现，并且也显示出其人的肤浅。虚妄的欲望应从人的性情中抹去，因为这是达到真正的心灵平静的障碍。

3. 休闲时光

伊壁鸠鲁倡导恬静的生活、愉悦的阅读以及与三两知己进行的轻松愉快的谈话。性的快乐在很大程度上为伊壁鸠鲁所回避，因为这往往需要付出极大的代价才能得到。通往浪漫的道路崎岖不平，且遍地都是地雷，这很容易使人懊悔，使人心碎。因此，伊壁鸠鲁经过深思熟虑之后，认为浪漫不值得去争取。因为这种焦虑懊悔将会阻碍人追求心灵的平静。可以说，伊壁鸠鲁几乎没有邀请过任何人上过他那张吊床。

在伊壁鸠鲁看来，担心不确定的未来是最糟糕的事情。如果我们活在当下并能在某一时刻获得宁静，那么我们就是处在了所能有的最好的"时间段"，这时我们就得到了那难以捉摸而又让我们极度渴求的心灵平静。

正义在伊壁鸠鲁看来可以归结为一句简单的谚语："对待他人就像你希望别人对待你一样。"人们应聚居在一起，生活于平静之中，把这一格言奉为金科玉律。

友谊是最重要和最美妙的事物之一。一向消极避世的伊壁鸠鲁认为，如有必要，你应该要为朋友放弃自己的生活。朋友是你唯一可以依靠的人，他们应居于你心灵的正中位置。性的快乐转瞬即逝，而友谊的回报却是无尽的。

4. 低调生活

伊壁鸠鲁不是政治动物。他对快乐的定义明显与亚里士多德那种伦理的、社会的政治性主张不同。伊壁鸠鲁把政治生活视为是"狂热的"，而"狂热"将会扰乱他对适度快乐的宁静追求。他可以说是居家型的男人。"低调生活"是伊壁鸠鲁主义的一条主要准则。伊壁鸠鲁和他的追随者都是温和、低调的人。

伊壁鸠鲁的住宅在雅典城外，带有一个花园，伊壁鸠鲁就在这里安静地度过了一生，他在这里接待客人、教导学生，最后在这里去世。这座花园以及这里的教学和传统一直存在了将近 500 年的时间。

伊壁鸠鲁派的成员都持有平等主义的观点。无论男人还是女人，一律平等对待，社会经济上的差别被抹去。他们甚至对待奴隶都是温和平静的。这在古希腊古罗马世界是无法想象的，有些人也许会说，就是在今天都没有完全实现这一点。毫无疑问，伊壁鸠鲁派被世人视为社会的边缘人和古怪的人，但是他们也许并不会太在意这一点，因为他们对主流社会来说没有一点利用价值。

与此同时，远在罗马的伊壁鸠鲁主义却被彻底地歪曲了——这一歪曲的伊壁鸠鲁主义直到今天还为人所知。然而，不管它是卡利古拉宫殿里的纵欲狂欢，还是当代兄弟会里的托加袍①舞会，这些称自己为伊壁鸠鲁派的人与伊壁鸠鲁其人及其哲学都无丝毫的相似之处。

四、斯多葛主义

塞浦路斯的芝诺（公元前 334～前 262）建立了斯多葛派。他通常在他的画廊上课，这画廊称为斯多葛，所以就有了"斯多葛"这个名字。类似于伊壁鸠鲁派，斯多葛派也得益于前苏格拉底哲学家（伊壁鸠鲁派选择的是原子论者，斯多葛派则拥护赫拉克利特的主张，即任何事物都可以还原为火）。"斯多葛"一词如今还存在于语言当中，其意思是指那些能忍受命运的乱石和飞箭而毫无怨言的人。

1. 知识与智慧

斯多葛派同意伊壁鸠鲁派的观点，认为所有的知识都经由感官经验而来。他们反对柏拉图的"型相"观念。他们认为，心灵是一块白板，或者说是一张白纸，经验就挥洒于其上。所有的知识都是主观的，真理亦是如此。在斯多葛派的词典里，没有永恒的真理。

斯多葛派把智慧视为最高的德行，正是从智慧当中生发出了勇气、自制和正义。斯多葛派的哲学中不存在灰色区域。人要么全然善良，要么全

---

①托加袍，是指古罗马男子所穿的宽松罩袍。

然邪恶；要么全然睿智，要么全然愚蠢。因此那些宣扬文明没落观的人很能认同斯多葛派的理念，因为后者早在 2 000 年前就已阐述了同样的道理。

2. 神

斯多葛派相信我们的命运由神决定。不过，就像斯多葛派他们自身一样，神并不是温情脉脉、多种多样的。神被称为逻各斯，或是意志，通往幸福的方式就是遵循逻各斯的设计与神的意志。斯多葛派还引入了一个词"普纽玛"，意指气息，来指称宇宙的灵魂。个体的灵魂由气息的超灵生发出来。这种观点结合了前苏格拉底哲学家的一元论，是一神论的一种早期形式。

重要提示

最著名的斯多葛主义者是一位罗马皇帝，马可·奥勒留。他是斯多葛派中首屈一指的人物，他在征服野蛮人部落期间所著的日记体著作《沉思录》，是一部体现了斯多葛派思想和实践精华的经典著作。

斯多葛派并不重视世俗快乐；世俗快乐被认为是通往智慧之路的绊脚石。强烈的感情也是如此。人要经常克制这些东西。禁欲是理想的生活方式，它能使人更好地坚持正确的、有条理的方向，规避各种扰乱人心的行为。

斯多葛派的人生哲学是："发生的事总是最好的，你所能期待的只能是最坏的事。"例如，斯多葛派看到他所爱的人处于危险当中，自然，他会试着去救。但是如果营救并不顺利，所爱的人失去了生命——这就是命！因为神掌控一切，人死了，那么这一定是神的安排，是最好的。如果你为此而悲伤，那反而不合逻辑。如果你在这世上已尽了最大的努力但仍然失败了，那就只能承认命运如此。只要你尽力了，那么尽力本身就是一种收获。

3. 斯多葛派的理想

亚里士多德有一种观念，他认为激情在人的灵魂当中占有一定的位置，但必须要为理性所控制。斯多葛派把亚里士多德的这一观念发挥到了极致。不同的是，斯多葛派从另一方面来看待激情，他们认为人类本性中的激情一面是邪恶的，需要被根除。不过数个世纪之后的现代心理学家如弗洛伊德和荣格将会指出，这是不可能的，相反，不仅无法根除，就算尝试去根除都是不健康的。人类永远无法根除这些冲动，如果你试着去根除，这些冲动会暂时地休眠，但在某些不恰当的时候它们又会涌上来。

对于斯多葛派来说，就算你命定要受苦，你仍然要坦然面对并过上美好的生活。事实上，相对那些有钱人来说，你更有优势，因为物质的东西经常阻碍人们获得幸福。有一位著名的斯多葛主义者爱比克泰德，他本身是奴隶，但他笃信德行，并不为他的命运而哀伤。他对自身这一层次的生活感到满意，就像马可·奥勒留皇帝一样。斯多葛主义对处于等级制度两极的人都有效。快乐并不好，痛苦也不坏。德行是唯一的善，缺乏德行是唯一的恶。所有剩下的则是责任。

古希腊语把那些负面的情感，比如恐惧，称为"怜悯"。斯多葛派反对怜悯，"冷漠"一词最初就是用来描述他们的这种对待负面情感的态度，并因此而流传至今天。斯多葛派是出名的"冷漠"拥护者。在他们看来，真正的智者和善人都是冷漠的。

斯多葛派也不反对某些情况下的自杀行为。著名的斯多葛主义者，罗马剧作家塞尼卡，就因为失去了皇帝尼禄的宠信而自杀身亡。在斯多葛派看来，如果你已树立了理想中的那种完美的冷漠世界观，那么当生命消逝的时候，生命是毫无意义的，也不会有多大的损失。

斯多葛派还是泛神论者。所谓的泛神论就是指神存在于万事万物当中，而不是天堂里那个端坐在宝座上的须眉男子。

哲学大考场

电影《沉默的羔羊》中的汉尼拔·莱克特是斯多葛主义者吗？

在《沉默的羔羊》中，汉尼拔指导克莱丽丝的时候，给她介绍了斯多葛主义："克莱丽丝，首要原则是简单。读读马可·奥勒留吧。探寻每个个体，这是什么？其本质是什么？"看起来，就连食人恶魔也阅读经典。

斯多葛派和伊壁鸠鲁派一样，都追求平静，或者说心灵平静。伊壁鸠鲁派通过出世和追求快乐来实现这一目标。斯多葛派则在克林特·伊斯特伍德的举止风度和无情的宿命论中找到了平静，他们认为自己就像是冰冷无情的机器中的齿轮，不重要但又不可缺少。斯多葛派的一些信念为后来居上的基督教所吸收。至于其他的如泛神论和对自杀的支持，则显然被基督教抛弃了。当然，对伊壁鸠鲁主义，基督教持的是彻底否定的态度。

最为圆满地实践了斯多葛派理想的人被称为圣人。圣人实际上就像是珍禽，一旦被发现，就会有追随者聚集在周围。如今，圣人一词仅指睿智之人，但这个词其实来源于斯多葛派传统。

五、怀疑主义：认识即现实

怀疑派同样也为英语语言的丰富做出了一份贡献，因为"怀疑派"一词事实上已成了指称多疑之人的一个名词。这些人认为，你无法确知任何事物。你唯一知道的就是你的感知带给你的认识，而你的认识又是极为可疑、极为不可靠的。

试以证人对犯罪现场情况的举证为例。有人会报告说看见了一个中等身材的罪犯；另有人则可能会说罪犯比常人要高。有的证人会告诉警察说嫌犯长着一头褐色的头发；有的证人则又会说看见了一个金黄色头发的罪犯。罪犯是驾着一辆天蓝色的奥迪，还是一辆灰色的宝马逃离了犯罪现场呢？总之，往往有几个证人就会有几种不同的对事件的描述。

你还可以仔细想想日本的经典电影《罗生门》，在这部影片中，一桩抢劫兼强奸案中的 3 位参与者从 3 种不同的角度叙述了这起事件，每位叙述者都显得有理有据，符合逻辑。如果你不熟悉这部电影，你可以回忆一下《古怪一对》中的片断，其中也有类似的情节。这就是怀疑主义的基本假定。

怀疑派的创始人是爱利斯的皮罗（公元前 360～前 272）。与伊壁鸠鲁一样，他也认为通向幸福的道路就是清静无为。因为我们对生活怀着天真幼稚、不加判断的态度，因此就算世界颠倒，黑的变成白的，白天变成黑夜（也许不会）对我们也不会有太大的影响。对于真正智慧的人来说，沉静是唯一的寄托。而通往安宁的唯一道路就是搁置判断，因为没有一种世界观能胜过另一种。不要相信你所看到、听到的，不要有任何的观点。善或恶之类的事物并不存在。皮罗不赞成鼓吹混乱，但是却认为接受不确定性是生活下去的唯一方式。既然没有什么能被证实，那么还有什么是值得大惊小怪的呢？

六、西塞罗和折中派

西塞罗是古罗马著名的元老院议员、律师和哲学家，他所生活的时代正是古罗马历史当中最为混乱的一段时期。在当时，权力专为贵族所享有，然而西塞罗最终还是从下层阶级升入至元老院。西塞罗喜欢民主制统治，不过那时的社会形态已朝着独裁制的方向发展。他曾不止一次被流放，多次处于被处死的边缘。他见证了裘力斯·恺撒被暗杀，而他本人也最终被马克·安东尼下令处死。

> **名人轶事**
>
> 关于怀疑派的创始人皮罗有着一个幽默但可能是虚构的传奇故事。据说皮罗就像是古代版的马古先生[①]，他漫游世界但却对周围的一切漠不关心，而他的弟子则保护他免于如冲锋战车、野兽等古代世界的各种危险。

希腊文化在当时虽然处于衰落当中，但是希腊哲学在古代世界还是一枝独秀。为了把希腊哲学的经典著作介绍给罗马人，西塞罗用拉丁文"罗马化"了希腊哲学。据说西塞罗在他的翻译中有不少自己的发挥，作为终生的律师和政治家，他花如此大的精力把哲学引入罗马帝国，一定是有着隐秘的目的。他曾经是一个实用主义者，从这一点来看，他是要试着利用哲学来推进他的政治目标，增进罗马的荣耀。人们经常把西塞罗与怀疑主义的罗马分支联系起来，但他其实也是折中主义的一个主要代表人物。

"当你排除了所有的不可能，那么不管多么的不可能，剩下来的一定是真理。"这是夏洛克·福尔摩斯的侦探哲学。基本上，这也是折中派的想法。伊壁鸠鲁派、斯多葛派和怀疑派这些沉甸甸的思想互相冲突，乱成一团，在这一团乱麻中，折中派寻找着真理。作为政治家，西塞罗遍览了当时的主要哲学思想，从中形成了自己的思想体系。

西塞罗对伊壁鸠鲁主义利用很少，这是理所当然的。伊壁鸠鲁主义主

---

①马古先生是美国非常著名的卡通人物形象。他是一个富有的已退休的小老头，由于高度近视经常惹上一些麻烦，但总是能在亲人和爱犬的帮助下脱身。

张人们弃绝公共生活而去过无名的、静思的生活，作为职业的政治家，西塞罗怎么可能会接受这种哲学呢？事实上，从他的翻译来看，西塞罗要为伊壁鸠鲁派思想的误传负有很大的责任，伊壁鸠鲁主义的一些名不副实的名声，如"享乐动物的聚会"之类，正是西塞罗的翻译所引起的。

西塞罗采纳了斯多葛派在政治方面的一些教诲。极端的怀疑派鼓吹清静无为，因为人不能确证自己的认识是否可靠，而这，当然是政治家极为厌恶的。总之，西塞罗左挑右选，最终形成了他的哲学。

哲学大考场

折中派是怎样的人？

　　折中派，正如其名字所揭示的，是一群对各个哲学流派的观点进行挑选的思想家，他们希望通过这种挑选创造出一种新的和改良的哲学。

西塞罗认为，如果每个人只是不负责任地各行其是，而不是全心全意地拥护法治，那么其结局必定是混乱。人们如果那么做了，就不会有罗马帝国，而西塞罗首先是罗马人，其次才是哲学家。明白了这一点，我们也就能理解怀疑派的惊讶——多少已经过时了的斯多葛主义却正逢其时。总之不管怎样，西塞罗采纳最多的是斯多葛主义。他把罗马神和其在人类的福祸安排中所扮演的角色结合进自己的思想当中。他赞成有节制地追求快乐，反对禁欲苦行的思想。当然，西塞罗在改写这些哲学理论以适合自己的思想时，也削弱着这些哲学理论。这种对哲学的改写并不如我们的老朋友——智者。诡辩几乎如同柏拉图的型相那样已成为永恒。它穿越千年，呈现在许多方面，不管是在古希腊、古罗马的思想中，还是在当代流行的社会文化思潮中。

七、新柏拉图主义：一个时代的终结

亚历山大的普罗提诺（公元 205～270）在罗马创立了新柏拉图派。新柏拉图主义是古希腊哲学的最后一个高峰。正如它的名字所揭示的，新柏拉图主义在很大程度上依赖于柏拉图的学说，它一直持续至公元 6 世纪。新柏拉图主义主张灵魂与肉体的二分，设计这一信念的目标正是要帮助你做好会见造物主的准备。造物主在新柏拉图主义的理论中是完美的神，叫作"太一"。

这听起来像是基督教的教义，不是吗？然而实际上，新柏拉图主义是一种异教的一神论，是基督教的主要竞争对手。当然，基督教最终获得了胜利，但是新柏拉图主义也的确曾一度让基督教大伤脑筋。

新柏拉图主义者认为，"太一"赐予造物以"诺斯"（神圣理智），从而使世界具有了生命。人类灵魂是世界灵魂的一部分，就像细胞之于身体。"太一"按照自己的形象创造了人类灵魂。听起来像是"上帝按照自己的形象创造了人类"，不是吗？神是神秘的、不可知的，超出于人的理解之外的，而我们必须要有对神的信仰。这又像极了基督教的训诫。这并不奇怪，因为这两者既互相敌对，又互相吸收借鉴了对方的观点。奥古斯丁，后世通常尊称其为圣·奥古斯丁，也承认自己在形成神学观的过程中受到了新柏拉图主义的影响。

在当时，宗教已成为支配世界事务的一股稳定力量，而新柏拉图主义则是沟通旧世界与新世界的一座桥梁。普罗提诺混合了柏拉图的学说、东方宗教的影响和新崛起的基督教的影响，在此基础上形成了自己的学说。

第四章

中世纪哲学

罗马帝国于公元476年覆灭，随之而来的黑暗时代并不是哲学的繁盛时代。那时人的生活并不仅仅只是"肮脏、粗野和贫乏"这几个词就能概括的。罗马已于公元313年基督教化，基督教取得了蓬勃发展，而这一新兴的信仰，也给这一时期的自由思想家投下了不祥的阴影。

一、基督教和哲学

基督教在黑暗时代牢牢地占据了西方世界第一宗教的地位。基督教的宗教理论推崇"教理"。所谓的"教理"，是指一种基本信条，它表现为对绝对真理的无条件服从。

基督教的崛起和强盛可以分为3个阶段：

* 传播福音阶段，正如其名字所揭示的，这是信仰由传教士传播到已知世界的阶段。这一时期，福音就如同星星之火那样扩散开来，虽然基督教视罗马为仇敌，但最终却成为罗马的官方宗教。

* 教父阶段，它贯穿于整个8世纪，构成第2阶段。这一时期，教会的领导者们把教理规范化和系统化，他们收集了大量的《福音书》

知识点击

基督教主要节日有圣诞节、受难节、复活节、升天节、诸圣日（万圣节）等，天主教和东正教还有圣神降临节、圣母升天节、命名日等节日。

圣诞节：12月25日。罗马帝国以基督宗教为国教后，将此日定为纪念耶稣基督诞辰。

受难日：复活节前的礼拜五，纪念耶稣基督被钉死于十字架上。

复活节：3月21日到4月25日之间，每年春分月圆后的第1个礼拜日，纪念耶稣基督复活。

感恩节（北美洲基督教传统节日，而非普世基督教节日）：11月的第4个礼拜四（美国）或10月的第3个礼拜六（加拿大）。

经院哲学起始于巴黎大学和牛津大学。当时的口号是"无所不学",这是一个高贵而又远大的目标。这些大学最先设立了各门学科的课程,现今的博雅教育正是由此起源的。也正是在这些学校中,发生了从柏拉图到亚里士多德的更替。

(耶稣生活的编年史),并最终选择了其中的 4 部作为"正统"福音书。根据各人倾向的不同,教会或是抵制异端和异教徒以"保护"自己,或是镇压那些有异议的人,教会把这些人打上渎神者的标签以显示其恶劣的异教徒的本质。

* 经院哲学家阶段,这一阶段大约从 9 世纪一直持续到 16 世纪。这一时期,基督教哲学在柏拉图和亚里士多德学说的基础上有所发展,但其目的是为了能与教理相和。这种哲学与神学相结合而形成的经院哲学是中世纪的主要思想流派,并且永久地改变了这个世界。

二、希波的奥古斯丁

提起黑暗时代,许多哲学家噤若寒蝉。然而,还是有一些深刻的思想家出现于这个时代。基督教时代的第一个重要哲学家是希波的奥古斯丁(公元 354～430)。他生活于罗马帝国覆灭前的最后一段时期,因此他是连接古典世界与中世纪世界的一座桥梁。

1. 生平

奥古斯丁原本是异教徒,出生于北非,他虽然是学者和教师,却过着放荡的生活,把青春都浪费在了玩乐之中。他并非没有负罪感,为了与这种感官享受对抗,他信奉了摩尼教。摩尼教是基督教哲学和波斯哲学的合成物,强调善与恶之间的永恒斗争。奥古斯丁在其自传《忏悔录》里,以编年史的方式坦率地记述了他在这一方面的斗争,其中就包含了一句著名而又具有讽刺意味的祈祷文:"上帝许我纯洁……但还未到时候。"

等到奥古斯丁年长之后,摩尼教已不再能使他满意,于是他开始研习新柏拉图主义。最终,他转向了基督教,成了一名牧师,最后还被推举为希波(现位于北非的阿尔及利亚)的主教。

奥古斯丁利用新柏拉图主义来辩护、支持和确证基督教神学。在整个中世纪，哲学与神学融合在一起。奥古斯丁也试着用柏拉图的哲学来解释基督教的许多神秘问题。当然，他对柏拉图的学说进行了很好的改造，使其能符合基督教的教理。我们要记住，他所做的这些工作的出发点都是出于信仰，对他来说，教会的神圣戒律是不可亵渎的。这才是他哲学的出发点，而不是推断、沉思和辩论。奥古斯丁力求把柏拉图基督教化，正如后世的哲学圣人托马斯·阿奎那要把亚里士多德基督教化一样。

柏拉图主张型相、永恒真理和神；奥古斯丁则认为，它们都源于上帝。在人的理性思索活动之外，必定存在着天启①，天启比理性思索更为重要。换句话说，奥古斯丁认为，人单靠自身的智慧无法获得真正的洞见。神的些许介入，其作用更大。

2. 上帝和自由意志

长久以来，让神学家和普通教徒百思不得其解的一个问题就是：如果上帝是全知全能的，那么为什么会有自由意志的观念？为什么这世上会存在着恶呢？既然上帝事先知道人类即将要做什么并且让其发生了，那么这就是上帝让恶存在，人类不应为他们的所作所为承担责任，因为这些行为在其发生之前就已存在于上帝的意志当中了。

> **知识点击**
>
> 事物一旦制度化之后，就会变得保守腐朽起来，世上的事往往如此。经院哲学的命运也是如此。然而，经院哲学将会发生大变动，在中世纪行将结束的时候，老柏拉图将会迎来自己的新生。

奥古斯丁提出，我们所测量的时间对上帝来说毫无意义。上帝存在于永恒王国里，在那里，线性的时间没有任何意义。那里没有过去，也没有未来，只有永恒的现在。

在今天这个忙碌的世界，流行的是"新世纪"圣人们所规劝的"活在当下"。人们经常徒劳地试图要停留在当下。古代的箴言告诉我们，昨天是

---

①天启是基督教对柏拉图"洞穴寓言"的改造，"天启说"把上帝比作真理之光，认为心灵只有在上帝之光的照耀下才能有所认识。

历史，明天是神秘。根据奥古斯丁的说法，这是上帝的自然状态。线性时间是幻象和限定，并不会对上帝有所影响。上帝的无穷智慧和无所不知与我们的自由意志并没有任何关系。人类在生活中还是要承担个人责任。但上帝总是存在于那里，如果我们找到了他，他就会引导我们。因此，当我们行善的时候我们只有一半的功劳，当我们作恶的时候我们要承担全部的责任。

3. 原罪

鉴于其青春期的放荡生活，奥古斯丁强烈地意识到了肉体的罪恶。他是原罪论的坚定信徒。原罪，当然是令人不快的天赐之物，根据《旧约·创世纪》中的描述，它由伊甸园的亚当夏娃带来，因为夏娃在撒旦化身的蛇的怂恿下吃了智慧树上的果实。不过，奥古斯丁在赞同原罪论的同时，对恶的本质却有着不同的看法。

还是那个问题：如果是完满至善的上帝创造了这个世界，那么为什么这世上会有那么多劣迹呢？对此，奥古斯丁借鉴了柏拉图的学说，他持前人的说法，认为恶并不是毁坏灵魂的邪恶力量，而是善的缺乏。

并不是所有的基督徒都赞同这种观点。甚至是在今天，你与现代的基督徒谈话会发现，有的基督徒还是认为地狱就是传说中的惩罚人的炼狱，有的则认为地狱仅仅只是上帝缺席的地方。对于信教的男男女女来说，来世不能沐浴在上帝的爱和温暖之下本身就是一种恐怖至极的景象。我们都具有拥抱光明的自由意志，而如果我们弃明投暗，那也不能归咎于他人，只能责怪自己。这就是自由意志的代价。就像善有善报，恶有恶报——就是坠入虚无的漩涡之中。因为，根据奥古斯丁的说法，恶，也就是善的缺乏，是一种可怕的虚无。恶人会受到比他所伤害的人更多的伤害，而我们只有借助于上帝的仁慈才能获得拯救。

三、安瑟尔谟的本体论证明

坎特伯雷的安瑟尔谟（1033~1109）是本笃修道会的僧侣和教师，最后成了英国的最高宗教机构坎特伯雷的大主教。安瑟尔谟是当时最为重要的哲学家。

他力求区分哲学和神学。安瑟尔谟有一句著名的格言："我信仰，然后我理解。"信仰是第一位的；理解周围的世界是第二位的，而且必须要有信仰的鼓动才能真正理解事物。

安瑟尔谟继承了奥古斯丁以信仰为基础的哲学，并将其推到了一个更高的层次。他最为著名的就是"证明"了上帝的存在。这一证明让后世的哲学家大为着迷。它被称为安瑟尔谟的本体论证明。"本体论"一词被定义为："关于或与上帝存在的争论有关，该争论认为，上帝观念的存在需要上帝的存在。"换句话说，对上帝的思考证明了上帝的存在。

安瑟尔谟从引用《旧约·诗篇14》中的一句诗开始他的证明："愚人在心里说，'上帝不存在'。"安瑟尔谟由此得出，即使是愚人也有"不能设想有比之更伟大的东西"的

重要提示

安瑟尔谟是欧洲中世纪经院哲学家、神学家和极端的实在论者，被称为"最后一名教父和第一个经院哲学家"。他生于意大利皮埃蒙特的奥斯塔城的一个贵族家庭，少年时在法国毕尔冈底就学，后加入本笃会柏克隐修院，不久升任副院长及院长，1093年被任命为英国坎特伯雷大主教，曾因拥护教皇权益与英王发生争执，并为争夺主教任命权2次被迫出走。1107年教皇与英王达成协议，安瑟尔谟遂被召回英国继任大主教。他的一生著作颇多，主要有：《独白》、《宣讲》（或译《论证》）、《论道成肉身》、《神何以化为人》、《关于真理的对话》、《论上帝的预知与自由意志的协调》等。

观念。如果它能为人的心灵所理解，那么它就是存在的。就算是愚人，或是异教徒，也有上帝像什么的观念。自然，为着争论的目的，他们就把上帝称为可能存在的最完满的东西。安瑟尔谟指出，拒绝承认上帝的存在有着内在的矛盾。因为为了拒绝承认上帝的存在，我们就必须要有上帝是什么的观念。如果人类有限的头脑能够思考如此完满事物的存在问题，那么这个所说的事物就必定是实际存在的。

四、托马斯·阿奎那

托马斯·阿奎那（1225～1274）是首屈一指的天主教思想家，就像奥古斯丁改造新柏拉图主义一样，他致力于把亚里士多德基督教化。同时，使得很多人极为满意的是，他调和了信仰与理性的矛盾。

当时奥古斯丁的思想被广为接受，而奥古斯丁认为哲学与神学之间并无区别，同时他又坚持天启的理论。换句话说，理性的推进和深入需

要神的介入。

托马斯·阿奎那否定了"天启说"和"双重真理说"。针对阿维洛伊主义，他认为宗教和理性并不是分别代表了一种真理。两种对立、竞争的真理不可能同时存在——真理只有一个。哲学和神学并不相互对立；他们是相互平行的两类学科。有些事物是不证自明的，而有些事物则需要信仰的天启。

托马斯·阿奎那比奥古斯丁更称许人的理性。人类无须神的介入也能进行深刻的思想活动。人能通过观察现实探寻事物的型相。我们在没有天神的指引下也能理解那些诸如真和美之类的上层概念。事实上，人类并不能真正把握型相，因为就像亚里士多德一样，托马斯·阿奎那也认为，型相是内在于物质现实中的，而不是不受束缚地漂浮在以太中的实体。一边聆听着亚里士多德的教诲，一边又有一点基督徒的骄傲心理在内，托马斯·阿奎那相信，如果像亚里士多德这样的"异教徒"也

重要提示

阿维洛伊主义的"双重真理说"认为，哲学和神学是相互排斥的。有来自于哲学的真理，也有来自于神学的真理，它们是同时存在的真理。

能理解所有这些，那么基督教徒自然也能。而且亚里士多德作为异教徒，他还没有神的帮助这一优势。

托马斯·阿奎那还提出，人类存在的模式是身体－心智－灵魂的统一体，这是他做出的另一个可喜的贡献。相比于奥古斯丁和柏拉图的哲学，在他的哲学里，很少有类似于"心有余而力不足"这样的论调。

托马斯·阿奎那还提出了证明上帝存在的5种推定方式：

* 运动是一个事实，至少在人类的知觉中是如此。对于每一种运动来说，必定存在着一种动力来推动。如此一直往前推，就推到了第一推动者。这就是上帝。

* 与前一种相类似，世间总是会有新事物涌现出来。这些事件必定有因可循。一个原因接着一个原因地追寻下去，直至第一个原因。这时你就发现了上帝。

* 所有事物都处于变化当中，并且所有事物都要依靠其他事物才可能

存在。那么这里最终会有一种原初的事物，它不依靠任何其他事物而存在。这就是上帝。

＊ 托马斯·阿奎那提出，你放眼观察四周就会发现，事物在本质上或多或少都有内在的完满性。那么世间必定存在着一种纯粹的完满性，其他所有事物的完满性从这种纯粹的完满性开始依次往下降。这位完满先生就是上帝。

＊ 秩序无处不在。整个宇宙都处于一种深奥且复杂的秩序当中。因此，必定存在着一种智慧造就了这壮观的齐一性。这就是上帝。

运动、原因、可能性、完满性、秩序，这就是托马斯·阿奎那对上帝存在的 5 种证明。许多人并不认可这些证明，但它在当时确实造成了巨大的影响。

重要提示

托马斯·阿奎那对亚里士多德的处理与奥古斯丁对柏拉图的处理一模一样，两者都力求把"异教徒"的哲学家与基督教会的教义进行无缝拼接。许多人认为，阿奎那成功地终结了信仰与理性之间的矛盾。

在信仰与理性的矛盾之外，中世纪哲学的另一个难题就是共相问题。共相是亚里士多德对柏拉图型相概念的修正。柏拉图认为，型相是漂浮于以太中的神圣实体（如真、美等），世俗的真、美等概念只是型相的影子。亚里士多德则认为，共相内在于物质实体之中，而不是外在的实体。

因为柏拉图和亚里士多德的许多经典著作在黑暗时代和中世纪已经散佚，一直要到更晚些的文艺复兴时期才被重新发现，因此中世纪的哲学家对这个型相与共相的问题再一次争执起来。最终在 900 年之后，阿奎那得出了与亚里士多德一样的结论。

阿奎那也赞同亚里士多德关于现实世界的观点，即事物同时由现在（现在的形态）和潜在（将要变成的形态）构成。这就是"亚里士多德／阿奎那原则"。并且，阿奎那也认为，现实世界由质料和型相共同构成——即亚里士多德的共相理论。

阿奎那把知识分为 2 个层次：感性和理性。感性知识是对事物的简单感知，比如一块岩石。理性知识则把握了"岩石"的抽象概念。理性认识分为 3 个步骤：抽象、判断和推理。

托马斯·阿奎那虽然英年早逝（只有 50 岁），但他在哲学和神学方面留给后人的遗产是巨大的。他的著作总量庞大，就如他伟岸的身躯一样。他身后被天主教册封为圣徒，而他敏锐的洞察力和对哲学的贡献，甚至让世俗的人文主义者也惊叹不已。

五、约翰·邓·司各脱

对中世纪哲学做出贡献的并不止于托马斯·阿奎那一人，约翰·邓·司各脱（1265~1308）绰号"精细博士"，对中世纪哲学也多有贡献。

司各脱是一名方济各会僧侣，他赞同奥古斯丁的大部分学说，不过在其他一些关键问题上持有不同的观点，包括"天启"的需要。人类利用他的理智可以理解上帝，并不需要天国的说明书。作为教士，并且受到所处时代的影响，司各脱也尽可能地考虑到了教理。他在解释共相的概念时提出，共相既以型相（存在于上帝的意志中）的方式存在，又以它们所代表的事物的一部分（为人的意志所认识）存在。阿奎那把人的理智看得重于意志；司各脱则说意志远比理智重要。这在中世纪引发了一场大讨论，名为"托马斯－司各脱之争"。

六、罗吉尔·培根

中世纪另一位重要的哲学家是罗吉尔·培根（1214~1294）。培根是一名方济各会僧侣，他被认为是现代科学的先驱。在《大著作》中，培根力求把数学和语言的学术风纪带到神学和哲学中来。

培根指出，获得知识的途径有 3 种：权威、推理和经验。他把经验分为内在经验和外在经验。外在经验是对现实世界的感知，是感性的领域。内在经验则类似于奥古斯丁的"天启"，需要上帝的一点帮助。

七、奥康姆·威廉

奥康姆·威廉（1300~1349）以著名的"奥康姆的剃刀"这一理论而闻名。这一理论认为，我们往往在这个疯狂的世界上尝试了一切之后发现，最简单的就是正解的。

奥康姆的观点是，柏拉图的型相和亚里士多德的共相都是胡说八道，这在中世纪可称得上是一种相当激进的观点。奥康认为，现实世界就是各种有生命的和无生命的具体事物，它们以自身为目的而存在。人类赋予它们的任何意义和重要性都只是来自于人类的意志。人类所能获得的任何知识都来自于直接的感性经验和某些逻辑推论。人不会走下悬崖，也不会把手置于火中，感性经验和逻辑推论就像是人的这种自觉。这种哲学就是"唯名论"哲学。所谓的"唯名论"就是指诸如共相和型相这些概念都只是人类事后所取的名字，它们并不是先在的实体。

由于这种非常现代的观念，奥康姆一生的身份都徘徊于异教徒的边缘。然而，实际上他是一位虔诚的教徒，他蔑视当时教皇的世俗权威，而信奉亚西西的圣方济各所倡导的那种严格遵守贫穷誓言的生活方式。他还有其他一些非常超前的，因此被视为异端的思想，包括如下几点：

* 教会并非绝无错误。

* 教皇可以被弹劾。

* 妇女应被允许在教会事务中发挥更大的作用。

* 王权并不是天赋的，如果统治者变成了暴君，人们就可以将其推翻。

奥康姆·威廉最后不幸死于黑死病，但他又是幸运的，这些观点已经足以保证他的一生是光辉灿烂的一生。

重要提示

奥康姆的剃刀，简单地说，就是指在面面俱到的考虑当中，最简单的解释就是最值得信赖的解释。朱迪·福斯特主演的科幻电影《超时空接触》无数次地重申了这一理论。

知识点击

奥康姆·威廉是英国经院哲学唯名论的代表。生于英国苏莱郡的奥康。曾因与教皇发生冲突而被捕入狱，其著作被斥为异端邪说。他发挥了哲学家约翰·邓·司各脱的思想，认为人心之外客观存在的只有个别事物，一般只是作为概念或心外事物的符号而存在于"心灵中和语词中"，但概念并非任意创造，而是以个别事物的共同性为依据产生的。在逻辑方面，他发展了前人的"指代"理论，提出了许多推论学说的重要规则，著有《逻辑大全》、《辩论集7篇》等。

45

第五章

文艺复兴

随着一声巨响，欧洲从阴暗悲惨的黑暗时代跨入文艺复兴时代。在短短一代人的时间内，人的领悟力和创造力发生了爆炸性的改变，预示着近代的来临。古代那些伟大的名字再次为世人所熟知和崇敬。

一、丰富的创造力

在整个文艺复兴期间，各个领域和学科都有很大的发展，这是一种从中世纪精神的深渊猛升至人类潜力之顶点的突进式发展。那些在文艺复兴时期改变了世界的巨人们个个都是天才，这是一份令人叹为观止的名单：列昂纳多·达·芬奇、米开朗琪罗、伽利略、克里斯托弗·哥伦布和莎士比亚，而这仅是一小部分。

不仅仅是人的心灵得到了开阔。新大陆也被发现，由此形成了经济发展的空前潜力，人们争相开发新大陆的自然资源，但这也对当地的土著造成了永久的伤害。

自柏拉图开始哲学思考以来，新柏拉图主义第二次取得了统治地位。随着与拜占庭帝国和远东往来的频繁，人们接触到了更多的欧洲古代经典著作。这些著作在东方大多得以保存，但在西方却经历了野蛮人部落的毁灭性破坏和基督教会的严格审查。

亚里士多德及其追随者的哲学、斯多葛派、伊壁鸠鲁派、原子论者……总之哲学黄金时代所有闻名的哲学都再次引起了人们的兴趣。相比之下，整个文艺复兴期间，新的哲学运动却不多。文艺复兴由古典思想激起，由此开始了理性的发展，而当理性发展成熟之后，西方的思想家开始就人类、宇宙以及我们在其中的位置提出了大胆的新观点。

二、科西莫·德·美第奇

科西莫·德·美第奇是一位臭名昭著的佛罗伦萨政治家，他建立了一座柏拉图式的学园。这座学园最为著名的毕业生是一位名叫马尔西利奥·费奇诺的哲学家，他编写了一部著作《柏拉图神学》。费奇诺认为，柏拉图是一位异教圣徒，他是我们后来所遵循的基督教信念的异教先驱者。这种观点很像另一位可敬的柏拉图爱好者——圣·奥古斯丁在其著作中所持的观点。天主教拥有神圣化凡人的传统。这些凡人在死后被尊为圣徒，人们向他们祈祷，仿佛他们也有神力似的。因此，文艺复兴时期的天主教徒想把这位古典时代的伟大思想家神圣化也就不足为奇了。

三、尼古拉斯·德·库萨

尼古拉斯·德·库萨（1401～1464）是一位枢机主教，他对经院哲学的僵化死板提出了挑战，提出知识获取三阶段的理论。他称其中的两个阶段为"幻想"和"推理"，并认为这两个阶段被人们忽视了。尼古拉斯·德·库萨把知识的第三种形式称为"理智"，即天启之下的直觉。与奥古斯丁一样，他认为，人需要借助于神的外力才能获得真正的知识。

尼古拉斯·德·库萨提出了一个悖论，他称之为"有学识的无知"。这是对苏格拉底学说的再运用。苏格拉底认为，有学问的人只有当他承认自己一无所知时才是有学问的。他提出，上帝本质上是一种不可知的实体，人类仅仅依靠自身有限的学识怎么能够理解这种终极完满的存在呢？不过，他也宣称，上帝是世间唯一的真理，是唯一我们真正可以依靠的。

> ### 知识点击
>
> 尽管有着文艺复兴的进步，但对大多数人来说，生活并不是充满欢笑的，它还是那样的肮脏、粗野和贫乏。仅仅一场黑死病，就夺去了欧洲1/3的人口。

四、贝尔纳迪诺·特勒肖

贝尔纳迪诺·特勒肖（1509～1588）认为现实是质料与力量之间的一种存在。与古代的原子论者一样，他把事物还原为最简单的两种元素：冷和热。生命由于热而繁盛，人们通过调高温度而获得知识。这种观点有一个内在的缺陷，如果按照特勒肖的说法，那么阿尔伯特·爱因斯坦要比詹妮弗·洛佩兹更热，这显然是一种哲学性的荒谬。

五、乔尔丹诺·布鲁诺

乔尔丹诺·布鲁诺（1548～1600）是一位意大利教士，他接受并扩展了哥白尼（在后面章节里将会有更多的关于哥白尼和科学革命的内容）的天文学说。简单地说，这种天文学说就是日心说。日心说坚持认为，地球并不是宇宙的中心，地球和其他行星围绕太阳公转。这在今天是被人们广为接受的事实，但在当时却挑战了古人的天文观，挑战了天主教一以贯之的教义。在哥白尼、伽利略和布鲁诺三个人中，布鲁诺首当其冲，成了教会盛怒之下的攻击对象。

知识点击

日心说认为，太阳是太阳系的中心，地球和其他行星围绕太阳公转。这在今天是广为接受的事实，但在几百年前，你可能会因为教授它而遭受火刑。

布鲁诺虽然不是新教改革的一分子，但他对天主教的教理来说却是一位极危险的人物，他在当时提出了最危险的看法。除了认为太阳是太阳系的中心，地球和其他行星围绕太阳公转以外，布鲁诺还提出，宇宙间存在着无数的太阳系，支撑着无数的行星，许多行星上都有生命，这些生命与地球上的生命或相似，或不同。

一种激进的观点？不，这在今天已经是被人们普遍接受的观点。不管是科学家还是公众都已欣然接受这样的观点，即在这广阔无垠的宇宙中，我们很可能并不孤单。

布鲁诺的宇宙观正在为现代科学所证实。他远远超前于他的时代，他不像伽利略那样家喻户晓，而且历代以来还被不少人诋毁。有人称他充其量不过是一个文艺复兴时代的术士。确实，他对魔法有着极大的兴趣，但他是运用科学手法的魔法师。布鲁诺相信，正如诗人所说的，天堂与尘世并不止于我们所知道的这些，还有一些支配着宇宙的元素和能量尚未被发掘，如果我们有可能理解甚至控制和利用这些元素和能量，那么整个世界将会得到改观。然而，那些已经取得了牢固地位的政治和宗教机构却十分满足于现在所处的高位，安于现状，它们并不欢迎这种改变世界的想法。天主教徒囚禁了乔尔丹诺·布鲁诺，折磨他，最终因为他的这些信念把他送上了火刑柱。这是可悲的，而且这常常就发生在那些试图超越人类知识和成就的伟大思想家身上。

名人轶事

在天主教会的眼里，布鲁诺是极端有害的"异端"和十恶不赦的敌人，并于1592年5月23日逮捕了他，把他囚禁在宗教裁判所的监狱里，接连不断地审讯和折磨长达8年之久。但是一切的恐吓威胁和利诱都丝毫没有动摇布鲁诺对真理的信念。天主教会建议当局将布鲁诺活活烧死。布鲁诺似乎早已料到，当他听完宣判后，面不改色地对这伙凶残的刽子手轻蔑地说："你们宣读判决时的恐惧心理，比我走向火堆还要大得多。"1600年2月17日，布鲁诺在罗马的百花广场上英勇就义了。

布鲁诺认为，那些自命为哲学家的人必须要有时刻准备着质疑任何权威的精神。这一观点与苏格拉底的"认识你自己"和"未经审视的生活毫无价值"一起，是每个哲学家所要遵循的基本准则。数十年之后，这条准则将会由于笛卡尔而变得更加著名。

六、尼科洛·马基雅维利

尼科洛·马基雅维利（1469~1527），这个名字让人想起了各种各样不道德的政治欺骗。这个名字已被收入意大利语，它无可置疑地被定义为道德败坏。许多人谩骂马基雅维利，同时又有更多的人学习他，而那些暗中实践马基雅维利学说的人在公开场合则必定要否定他。

马基雅维利的政治哲学可以归结为一句名言："目的证明手段的合理性。"他否定了柏拉图和亚里士多德关于理想国家的概念，认为这只是幻想，不可能实现。他还认为，把基督教信仰加进来也是不切实际的，而且还可能适得其反。他最著名的著作《君主论》是文艺复兴时期统治者的入门必读书，直至现在，它还为上至强盗大亨下至华尔街的雅皮士们[1]所学习。

重要提示

马基雅维利主义得名于文艺复兴时期的政治哲学家尼科洛·马基雅维利，指的是那种为达目的不择手段的政治冷酷主义。马基雅维利主义在今天完全是贬义词，它被用来作为攻击对方的一种诨号。

在马基雅维利看来，君主的目标就是权力和控制，而不是怜悯和正义。谎言完全可以被接受；人们完全可以就"是"的定义进行争辩。这场游戏的名字就是为所欲为而不被抓住或惩罚。与逐渐培养民众的敬畏感相比，一时激发的敬重是第二位的。当然，表面上要声称，所有这些都是为了使民众过得更好。

马基雅维利坚持认为，君主不能没有道德，但是这个道德并不是基督教的道德，而是爱国，这是君主的首要品行。"无论对错与否，她都是我的祖国"，这句话的意思就是，错误的行为如能促使国家目标的实现，那么它就是完全正确的。

莎士比亚笔下的理查三世曾经吹嘘，他能"让杀人者马基雅维利自叹弗如，重回学校"。其实，并没有证据显示马基雅维利曾经杀过人，但是马基雅维利在去世后仅几十年时间就能得到令人尊敬的莎翁的如此描写，就说明这位政治哲学家的名声传播之快，也说明他的名字已与道德败坏画上了等号。

---

[1]强盗大亨指的是那些以非常手段获取大量资产的资本家；雅皮士是指大都市中的年轻专业人才，特指继嬉皮士之后兴起的一类精英人群。

第六章

人文主义

人文主义这种哲学来自于对斯多葛派哲学的借鉴。斯多葛派认为，人是万物的尺度，但是人文主义者对此半信半疑——因为传统天主教还是这个社会的主宰，那些敢于挑战旧世界秩序的人仍然会发现，自己处于被定性为异教徒的危险之中。

一、什么是人文主义？

如果你上过人文类的课程，你应该要感谢人文主义者把这些课程引入到教学当中。人文主义者重视历史、艺术、哲学和其他博雅学科，特别是对古代经典新译本的学习。古希腊和古罗马的古典世界由此被重新发现和发扬。就像以阿奎那及其追随者为代表的中世纪哲学家对亚里士多德的热爱一样，人文主义者热爱柏拉图，而柏拉图也因此在他逝世数千年之后重获新生。

人文主义者在把这些课程引入大学时遇到了极大的阻力。经院哲学家强调神学、医学和法学，而人文主义者则力求扩展教育的学科范围。这些僵化封闭的学院，已经产生不出创新性的思想，在这些学院当中，经院哲学家占据着主导地位，不管他们如何地不情愿，他们终将要被历史拖入到 15 世纪。

重要提示

人文主义肯定和颂扬人的潜力和才能，认为人没有神的帮助也能自己解决问题。

二、弗兰西斯科·彼特拉克

最早也是最为著名的人文主义倡导者是弗兰西斯科·彼特拉克，一般称之为彼特拉克（1304～1374）。彼特拉克其实早于正式的文艺复兴几年，不过他确实对接下来的文艺复兴的形成有着重大的影响。

在恢复人们对经典著作的兴趣方面，彼特拉克和他的弟子是先行者，他们引导了整个文艺复兴时期的人文主义。有必要说明的是，接下来要介绍的两位著名的人文主义者都是虔诚的天主教徒，以免我们认为人文主义和天主教是互相排斥的。

名人轶事

弗兰西斯科·彼特拉克还是一位诗人，他创造了十四行诗。十四行诗是一种诗体，由十四行押韵的诗句组成，这种诗体为乔叟、莎士比亚和其他许多诗人所广泛使用。

三、德西德里乌斯·伊拉斯谟

德西德里乌斯·伊拉斯谟（1466～1536）是一位荷兰人文主义者。他是一名牧师的私生子，而他长大后也成了一名牧师。伊拉斯谟非常了解他所生活的环境，因此，虽然身为牧师，他却讽刺指责时代的伪善，这些都收录在了《愚人颂》和《对话集》里。事实上，他并不喜欢牧师生活，他希望能找到一份普通的工作，过上平民的生活。但是他最终需要教皇本人的许可，才能实现成为世俗人文主义者和幽默作家的愿望。此外，伊拉斯谟还由于用拉丁文和希腊文翻译了《新约》而闻名于世。

伊拉斯谟是当时首屈一指的导师、学者和教授，并且与当时大部分的伟大思想家相识。他不仅讽刺社会、呼吁改革，而且还撰写专文反对对儿童的严厉约束，希望把物理教育加入到学校课程当中，这些都使他领先于时代。由于他从未声明断绝与天主教的关系，因此当马丁·路德和新教改革正如日中天的时候，伊拉斯谟陷入了为双方所不容的尴尬境地。教会视他为天才的捣乱者，而改革者则视他为腐朽落后的天主教的辩护者。伊拉斯谟的著作最终被教会划入到禁书之列。不过跟他的朋友，同时代的托马斯·莫尔爵士相比，伊拉斯谟并没有因为激烈的言论而被斩首，因此他已经算是幸运的了。

四、托马斯·莫尔爵士

有人说，当一个人愿意为原则而死时，这个人已因过分冲动而失去了理智，托马斯·莫尔（1478~1535）正是这样一个人，并因此而闻名。他的讽刺性著作《乌托邦》描绘了在一个想象的、虚构的岛上的生活。在这个岛上，借用《星际迷航》中斯波克先生最喜欢的格言来说就是："多数人的需要高于少数人或是个人的需要。"莫尔以此与他自身所在社会的不公正进行对比，以显示出怎样才是理想的国度。

莫尔学习希腊文、拉丁文和法学，但同时他还创作喜剧，并对人文主义感兴趣。他曾经试着过隐修的生活，大约 4 年后，他决定放弃。转而涉足世俗的政治领域，回避清修苦行的生活。他成为英国下议院的议员，并最终成为国王亨利八世的亲信。

不过莫尔与亨利八世两人之间互相倾慕的关系最终破裂。起因是，由于亨利的首任妻子阿拉贡的凯瑟琳不能生育，而亨利则想要一个男性继承人来继承自己的王位，因此亨利就希望与凯瑟琳离婚，进而与安妮·波依伦结婚，而莫尔则拒绝站在国王这一边。

根据天主教的法律，离婚是理所当然要被禁止的，因此教皇在这一事件上并没有迁就亨利。作为虔诚的天主教徒，莫尔自然不会违抗教会，因此，莫尔最终由于他坚定的信念而被斩首。400 年之后，天主教追封莫尔为圣徒，这也算是对莫尔所作所为的一种象征性的鼓励。

亨利八世违抗了天主教，其结果是建立起了英国国教。这种建立在离婚事件基础上的信仰，看起来就像是建立在沙子之上的信仰，但事实上，新教改革之风确实已经吹了一段时间，而这将带来一场如海啸般的变革，进而改变整个基督教世界的面貌。

第七章

新教改革

人文主义所倡导的个性解放与文艺复兴时期教廷神圣权力的衰微，共同造成了基督徒之间的分裂。经过黑暗时期与中世纪的发展，教会已经成为一个社会政治实体，在欧洲事务中具有决定性的影响力。

一、天主教的没落

天主教垄断了对上帝的解释权，它的领袖还力求在文化的各个方面也具有同样的权力。君主屈从于教皇，而那些胆敢藐视教会的人则会受到被逐出教会的威胁。在当时，被逐出教会的天主教徒被认为是社会中的贱民，他在现世被社会遗弃，死后则要下地狱。因此，人们不敢违抗传统天主教。

文艺复兴使得欧洲人逐渐自信起来，于是他们开始公开反对许多当时的宗教习俗。当时的教廷滥用宗教权力，其中最让人愤怒的就是出售赎罪券。天主教有一大圣事称为忏悔（现今有一个更加新式、更加政治正确①的名称叫作"和好"），在这 1000 年来，这一圣事对那些寻求上帝的喜爱与拯救的人都是免费的。但在文艺复兴期间，由于教会需要资金来支撑它的各种产业，这种情况开始改变。

> **知识点击**
>
> 在一定程度上，新教改革的爆发归因于教廷滋生的腐败。正是由于见到教廷出售赎罪券，马丁·路德才愤怒起来。所谓的赎罪券，换句话说就是，要付出一定的金钱才可以进行忏悔圣事。

---

①政治正确是20世纪90年代以来在美国颇为流行的一个词语，它要求人们在公共领域的言行、态度要小心谨慎，以免触犯或侮辱他人，特别是少数族裔和弱势群体。

二、马丁·路德

当马丁·路德（1483～1546）看到教会表现出来的种种异乎寻常的不公之后，他不禁愤怒起来。他感到上帝的讯息由于代为传达的中间人世俗的野心和欲望，已经变得模糊不清，因此路德转而强调信仰的"内在经验"。换句话说，正是那些住在华丽教堂里的、穿金戴银的、富贵的中间人搅浑了灵性之水。路德力求清除这些中间人，精简整个基督教会。他主张，个人可以通过祈祷、冥思和回归本性等方式与上帝取得直接联系。换句话说，《新约》和《旧约》中已经包含了所有你需要知道的东西，而承蒙古登堡及其活字印刷术的帮助，使得大众也能拥有《圣经》了。

名人轶事

一个有趣的现象就是，路德和加尔文都对各自本国语言的发展做出了贡献。在当时，有教养的人都说拉丁文。随着人文主义运动和新教改革运动的开展，各个国家开始重视并张扬自己的个性和语言。路德和加尔文卷帙浩繁的著作都用本国语言写成，这对现代德语和现代法语的演进意义重大。

路德与教会在其他问题上也有分歧，但这些问题在新教传统中都被抹去。例如新教并不重视"童贞女圣母玛利亚"这一传统信仰。圣母在新教传统中并不占有特殊的位置，而在天主教传统中，圣母处于核心的地位。路德也不认同"圣餐变体说"（在弥散中面包和酒变体为基督的身体和血）。路德认为这只是象征性的仪式。此外路德还打破了独身的誓言，他与一位还俗的修女结婚并组建家庭，最终脱离了教会组织。

一开始，教会并没有对路德给予足够的重视。教皇不会由于"一个僧侣的吵闹"（教皇自己如是说）而心烦。教会认为自己的权威毋庸置疑。因此，在路德把自己的反对意见贴在当地教堂大门上整整 3 年之后，教会才对路德有所应对。不过这种应对的力度并不够，且为时已晚。改革之风已经吹遍整个欧洲。在德国和其他北欧国家的君主和政治家的支持下，新教改革对腐朽的天主教造成了毁灭性的打击，而这些君主和政治家也通过与罗马的决裂而获得了权力和财富。

三、约翰·加尔文

在法国，另一位激进的改革家的影响也日益扩大。他的哲学不仅重塑了宗教，而且对后世的经济思想也有着深远的影响。约翰·加尔文（1509~1564）是一位法国神学家和人文主义者，他支持并参加了新教改革运动，而且其影响并不止于精神追求的领域。加尔文开始大书特书他的信念，但他不得不东躲西藏，以逃避那些愤怒的教会神父。他著有一本影响巨大的

哲学大考场

什么是"预定论"?

"预定论"是由新教改革家约翰·加尔文提出的一种观点，他认为，上帝已经预先决定了谁上天堂谁下地狱，人在现世中无论如何都无法改变这一点。因此，加尔文派信徒都崇尚节俭朴素、勤奋刻苦。

小册子《基督教原理》，这使得他成为新教的主要倡导者。

与路德一样，加尔文也强调和重视个体经验，他认为，你所需要知道的一切都可以在圣经中找到，无须天主教教理的过滤。加尔文也笃信圣经的"字面解经法"。他认为，这是建构宗教乃至整个社会的重要原则。这样建构的社会被称为"神权政体"，即由宗教权威支配的政府。这种神权政体的领导者，不是州长、参议员和国会议员，而是以《新约》中的"使徒行传"所描述的早期基督教会的组织结构为模板，分为4类。

知识点击

加尔文主义带来了"新教工作伦理"，这直接导致了资本主义（私有制、自由市场等）崛起并成为欧洲的主要经济制度。资本主义取代了封建主义，在封建经济制度中，领主支配着其封地上农民生活的方方面面。

* 牧师：有5人，掌管所有的宗教事务。

* 教师：这些人将会向公民教授宗教教义。

* 长老：有12人（就如12个

门徒），由市政府选出，将会监督所有市民的所有行为。

　　* 执事：这些人将会被安排去照管病人、鳏寡、孤儿和穷人。

　　加尔文试图在瑞士的日内瓦把这种神权政体付诸实践，但市民很快就抵制了这种尝试，加尔文和他的信徒只好逃出了日内瓦。

　　与路德不同的是，加尔文强调"预定论"。所谓的"预定论"是指在我们出生之前，上帝已经决定了谁将上天堂，谁将下地狱，上帝做出这种决定并不是出于我们自身对错与否。预定论也被称为"选民说"和"活圣徒说"。

　　伴随着预定论的观念，节俭意识和崇高意识开始生发出来，这就是后来所谓的"新教工作伦理"。通过勤奋工作、有节制的生活和争取经济上的成功，就能蒙受上帝的恩宠。在加尔文主义中，找不到许多天主教修道会中经常出现的清贫誓言。这种精神哲学极大地改造了人的灵魂，但其影响并不止于此，它引导了欧洲的资本主义时代和自由市场经济。

四、天主教的反改革

　　为了不被新教击败，天主教自身也进行了改革，这种改革在后世被称为反改革。反改革对于那些富有的牧师和脑满肠肥的主教来说，意味着免费的午餐将一去不复返。文艺复兴时期，许多神职人员滋生的世俗欲望破坏了传统天主教的名誉。天主教现在只能硬着头皮接受事实，回归到那种斯巴达式的清修生活，或者至少要通过良好的公关和"宗教裁判所"重塑形象，或者双管齐下。就像执法机构中的内务部一样，天主教开始从内部监督自己。

　　1534 年，教皇保罗三世鼓励、支持和促进了一系列新的修道会的发展，其中最著名的是"耶稣会"，这是一个神职人员的精英集团。它由圣依爵纳·罗曜拉创立，罗曜拉毕生致力于传教活动，尤以通过教育的方式传教而闻名。也因此许多耶稣会大学在欧洲建立起来，并且最终在新大陆也落地生根。

重要提示

　　天主教发动了反改革运动以应对新教改革。与所有臃肿的官僚机构一样，教会行动缓慢，准备了许多年才最终召开了一次会议来讨论他们的改革。这次会议被称为天特大公会议，一直持续了 18 年之久。

知识点击

宗教裁判所是 13～19 世纪天主教会侦察和审判异端的机构，旨在镇压一切反教会、反封建的异端以及有异端思想或同情异端的人。裁判官掌握对本地区异端的搜查、审讯和判决大权。主教和世俗政权有协作、支持的责任，但无制约、干预的权力。异端包括不同于罗马正统教派的言行和思想，巫师亦被视为异端。不少反封建斗士、进步思想家、科学家皆为裁判所打击迫害的对象。在天主教国家里，除英国和北欧国家外，先后皆有宗教裁判所活动。16 世纪中叶，教皇在罗马建立最高异端裁判所。18、19 世纪，西欧各国宗教裁判所先后被撤销。

反改革运动有其阴暗的一面。穷凶极恶的西班牙宗教裁判所正是在这时设立的。宗教裁判所用一套独特的方式在教众当中培植信仰。它认为，滚烫的拨火棍比严肃的布道更为有力。通过修订禁书书目，书籍审查制度也建立起来。许多文学作品被认为不适宜公众阅读，而拥有禁书将会被处以严厉的惩罚。

反改革运动的另一个组成部分是福音的传播。福音也被传播到了新大陆。教会的力量因此得到加强，这又进一步促进了福音的传播。就像"博格①集合体"一样，对于美洲的原住民来说，抵抗被证明是徒劳的。

反改革运动在科学领域也不是特别开明。在烧死了乔尔丹诺·布鲁诺之后，教会继续追捕着其他善于探求的智者，他们试图阻止伟大的科学发现，而这些科学发现将被证明是人类占有这颗星球历程中的重要里程碑。

①博格是电影《星际迷航》中的一个种族，善于同化其他种族。

第八章

科学革命

亚里士多德派认为，人类是世界的中心，仅次于上帝。地球是宇宙的中心，太阳和所有其他天体围绕地球公转。天空永恒不变，月亮和其他行星则是平滑纯净的天体。天主教全盘接受了这种观点。

一、日心说

尼古拉斯·哥白尼（1473~1543）最终对这种经久不衰的观点提出了挑战，而约翰内斯·开普勒（1571~1630）则从数学上确证了哥白尼的质疑。他们的理论叫作日心说，即：太阳是我们这个太阳系的中心，地球和其他行星围绕太阳公转。日心说被教会认为是一派胡言，并最终被认定为异端邪说。其实日心说在这时还只是猜想，但它已经引起了巨大的争议。当伽利略发明了望远镜，人们能够通过不容置疑的观察证实这一理论的时候，日心说才真正地引起了人们的重视。

伽利略·伽利莱（1564~1642）是一位意大利数学家和科学家，他证明了日心说。他的望远镜还告诉人们，月球上有高峰也有低谷，有悬崖也有低洼，而太阳则有一些黑子时隐时现，这些都证明了亚里士多德和天主教关于天空平滑纯净的观点是错误的。1616年，宗教裁判所传唤了伽利略，禁止他再传播日心说。伽利略明白违抗宗教裁判所的意志将会遭到怎样的命运，因此他知趣地接受了这个裁决。然而，优秀的科学家不会

名人轶事

传说伽利略曾经请当时的教皇用他制作的望远镜亲自看看宇宙的真正面貌。但教皇拒绝了。因为教皇认为自己无须通过望远镜观察，他的心灵已经看到了宇宙的面貌。

被埋没，1623 年，伽利略发表了一部著作《试金者》，在这部著作中，他重申了日心说的观点。伽利略因此被判有罪，不过后来他宣布放弃自己的主张，才得以逃过一劫。

天主教对于科学的态度可谓顽固不化，它非难哥白尼关于宇宙的日心说，迫害伽利略，更不要说对布鲁诺和其他无数"异端"的谋杀，所有这些最终使天主教尝到了苦果。1993 年，教皇约翰·保罗二世对过去的轻率表示了一定程度的歉意，并且承认地球确实围绕太阳公转。

二、怀疑主义的回归

在文艺复兴时期，许多古代的哲学再度流行起来，怀疑主义就是其中的一种。这要归功于人们对罗马怀疑论者塞克斯都·恩皮里柯著作的重新发现。与老怀疑派一样，新怀疑派认为，当遇到可怀疑的情形时，人们应该暂停判断，悬置看法。

文艺复兴时期最著名的怀疑论者是米歇尔·德·蒙田（1533～1592），他在著名的《蒙田随笔》中提出了自己的哲学观点。事实上，正是蒙田创造了文学中"散文"这一观念，从而为文学世界引入了一种新的文类。

蒙田认为，我们的感觉天生就值得怀疑，因此我们要怀疑一切事物。人们有权利提出自己的观点，并且这些观点都可以是正确的，因为我们永远不可能真正确定真相是什么。蒙田对科学革命也没抱多大信心。他认为，科学知识都只是暂时的，它终究要被后来的知识推翻和取代。蒙田的哲学其实就是"难道我们就不能和睦相处吗？"的翻版。或者更准确地说，并没有理由让我们不和睦相处，因为我们谁也不知道什么时候将会是终点。人生就是一场隆重而华美的猜谜游戏。

三、印刷机的发明

约翰内斯·古登堡发明的印刷机被认为是人类历史上最重要的发明之一。古登堡 1395 年生于德国的美茵茨，曾经是一名金匠和珠宝匠，这段经历使得他对金属的特性了如指掌。古登堡可称得上是一位冶金学专家。

1440 年，在一位合伙人约翰·弗斯特的资助下，古登堡完善了金属的活字印刷模版，使得人们能够在印刷机上整齐排列和设置字模，这是一项革命性的改进。同年，古登堡完成了木制印刷机和新式的金属字模。这种新的字模由铅、锑、锡这3种金属组成，共有290个，每个代表一个符号。古登堡甚至还研制了一种独特的以煮沸的亚麻籽油和煤烟为原料的墨，以使得这种大规模印刷的文字不易褪色。借助于大规模的印刷，单个的文字变成一页

知识点击

早于古登堡400年，中国就已经发明并使用了泥字印刷术，但与运用在古登堡机上的经久耐用的金属字模相比，泥字印刷效率不高，并且笨重不堪。更早之前的印刷术是由工匠对一块木板进行雕刻，然后利用凸出来的部分进行印刷。因此，一页文字经常需要数块木板拼凑在一起。

又一页的文字，最终整本的印刷书籍出现。后来，古登堡又再次改进了自己的发明，使得他的印刷品能够在浸水之后不褪色。

古登堡的金属活字印刷术为他赢得了"现代印刷之父"的称号。《古登堡圣经》印刷于1455年，每页有42行，花了2年多时间完成。这是欧洲印刷的第一本"现代"意义上的书籍。

印刷机和活字印刷对哲学的传播有着深远的影响。"知识就是力量"，随着伟大思想家的伟大思想的扩散，人人都有可能成为哲学家。广阔、浩瀚、奇妙的思想世界忽然开放在所有人面前，虽然当权者并不希望如此。君主和政客黯然失色，而教会则发现自己的神圣权力被削弱。通过阅读大规模印刷的文字，旧的思想被吸收进去，新的思想被激发出来。新的时代已经来临。

第九章

近代哲学

文艺复兴时期的哲学家汲取并且增强和扩展了古代哲学的丰富传统。这些思想的冒险者分散在各个学科：数学、医学、宗教等。而在你即将要读到的这个时代，哲学重新确立了自己作为一门独立的重要学科的地位。

一、弗兰西斯·培根

英国政治家和商人弗兰西斯·培根（1561～1626）把科学方法引入到哲学当中。他强调运用经验来观察和研究这个世界，避免在这一过程中掺杂先入之见和偏见。

培根指出，为了真正地理解这个世界，我们必须要对那些妨碍我们看清事物的阻碍物和分心之物有所认识。他称这些阻碍物为"假相"。

* 种族假相指的是人类的妄自尊大感。人们总是自负地设计事物，个人趣味左右了我们的感官经验，使得这种经验可信度不高。换句话说，我们应该意识到这一点，即任何事物都有可能不是它表面上看起来的那种样子。

* 洞穴假相指的是我们的一种倾向，即我们往往倾向于以我们在个人狭小天地里形成的狭窄经验为基础，来对世界做出概括。用门外汉的话说就是，永远别作任何揣测。

* 市场假相指的是语言作为一种交流工具的不完善性。通过有限的语言来试图描绘和理解我们周围的奇异事物，其结果往往是不能真实反映这些事物，我们也不能完全领会它们。

* 剧场假相是哲学自身固有的缺陷。伟大的思想家设计并推出那些关于事物的崇高概念，而这些概念却建立在我们错误的感知这一不稳固的基础上。

培根提出，一旦我们意识到这些假相对我们的影响，那么我们就有能力避免它们，而我们关于自然知识的认知将会相应地得到改进。现在，许多人沉迷于因特网上泛滥的虚假谣言和都市传说[1]，诸如此类就是人们彻底为信息爆炸（这得感谢印刷机的发明和书籍的普及）所俘虏的表现。培根高度怀疑这种增殖的文字和其中蕴藏的大量虚假信息。他认为这类信息是不可信的。培根规劝那些与他有着相同志向的哲学家抛弃书本，而以科学的和经验的方式来探寻他们周围的世界。

二、勒内·笛卡尔

法国哲学家勒内·笛卡尔（1596～1650）通常被称为"现代哲学之父"。他最初是一位数学家，是解析几何的创始人。同时，他还是一位著名的物理学家。笛卡尔笃信天主教，但他私底下也认为教会抵制和迫害科学家是错误的。他清楚地知道，这些科学家和他们的哲学代表着未来，教会如果不去适应这种新情况，其结果只能是被时代抛弃。

1. 普遍怀疑

笛卡尔所追寻的是对知识的彻底修正，这是一项艰巨的任务。这种修正把怀疑作为前提。他决定要怀疑一切。他认为自己所知道的一切，或者说他自认为所知道的一切，都来自于感官，而感官经验天生就值得怀疑。这是一种典型的怀疑论的出发点。

笛卡尔很快就发现，这种绝对的普遍怀疑把自己逼到了疯狂的边缘。这是真实的吗，抑或这只是梦境？笛卡尔甚至已经到了不能分清自己是醒着还是睡着的地步。所有的一切都不能确信。这

名人轶事

笛卡尔对于是否要发表他的大部分著作犹豫不决，因为这些著作支持的是伽利略的学说。最终，他把自己这些富有争议的理论"隐藏"在了哲学著作《沉思录》中，他把这部著作作为一种奉承献给了当地的教会首脑。

---

[1] 都市传说指的是流传于因特网上的民间传说，它通过电子邮件的重复发送和网站的张贴而经久不衰，从而成为一种传说，它有时候是真的，但大多数时候是虚构的。

被称为"梦境假说"，是激进的怀疑主义发展到极端的结果。

笛卡尔继续思索，也许那位高高在上的、精心安排着这一切的全能的上帝也并不存在。也许我们都被恶魔洗脑了，它使我们相信我们所看到的和感觉到的一切都是真实的，但实际上却是恶魔制造出来的幻象。这被称为"恶魔假说"。

2．我思故我在

你一定听过"我思故我在"这句话，它也许是哲学史上最著名的一个命题了。"我思故我在"已成了近代哲学的标志性口号。

根据笛卡尔的观点，在这个光怪陆离的世界上，至少有一件事你是可以确信的，即：你去了哪里，你就存在于那里。

笛卡尔接着尝试用这一新发现的确定的命题来证明上帝的存在。这是一个本体论命题，几个世纪之前，圣·安瑟尔谟曾做过相似的论证。笛卡尔用了下面几个论据来"证明"上帝的存在：

＊"'我思故我在'证明了自我的存在，但自我是非完满的①、有限的人。如果自我是自身的创造者，自我必定会使自身具有完满性。这证明自我并没有创造自身，而如果自我没有如此做，那么是谁做了？上帝。"

＊"虽然自我是不完满的，但是自我具有完满性的观念。好，那么完满性这一观念从何而来？当然，不会是来自自我。毕竟，自我是非完满的，完满不会来自像自我这样明显是非完满的事物。因此，必定要有一个完满的存在，而这就是上帝。"

笛卡尔证明了他存在着，也"证明"了上帝的存在——至少他自己对这证明是满意的，在这之后，他把目光转向了现实的本质这一问题。正如我们所知道的，笛卡尔认为，现实由他称之为实体的两种元素组成。思想实体是我们的心灵，广延②实体是我们的身体。笛卡尔还补充说，观念并不

---

①完满是西方哲学中常见的一个术语，意指圆满完备、完美无缺。柏拉图和基督教都认为，"理念"或者"上帝"是完满的，而作为其仿制品的人和现实世界是有缺损的，因而是非完满的。

②广延，顾名思义，是指事物所占的空间属性，不是指具体事物的形状大小，而是指人们关于事物形状大小的观念，如三角形及其特征。

全是来自于感官经验，有一部分观念蕴含于心灵之中，是预先存在于那里等着人去取用的。笛卡尔称这部分观念为"天赋观念"。道德观念、数学、逻辑学和上帝的观念都是天赋观念。这些观点与柏拉图关于型相的理论颇为相似。除了天赋观念，笛卡尔认为还存在着另外两种观念：外来观念和虚构观念。前者的来源是我们的感官经验，后者的来源则正如其名字所暗示的，是虚构。

笛卡尔虽然是一位科学家和数学家，但当他谈起身心分离或是身心二元论时却像是圣·保罗。他对物质世界持有一种机械论的观点，认为心灵由精魂充满。笛卡尔认为，身体离开了精魂照样可以行走、讲话，充满活力，就像机器人。情感，亦即笛卡尔所称的激情，由身体引起。情感并不可靠，最好能处于控制之下。这在哲学上扭转了《新约》中的观点。笛卡尔认为，心灵可以脱离身体的经验了解事物，这就是"理性主义"。

重要提示

笛卡尔是一位理性主义者，这意味着他相信人可以脱离感官经验认识事物。如此形成的观念被称为天赋观念，亦即首要观念。至于其他由经验而来的信息则被认为是次要的。

笛卡尔最初对于是否要发表他的理论犹豫不决，因为这些理论与伽利略的理论非常相似，而他可不想让宗教裁判大法官托尔克马达来敲门。但他最终还是发表了，这进一步动摇了在新教改革和科学革命的左右冲击下本来就已摇摇欲坠的天主教的根基。

三、托马斯·霍布斯

英国人托马斯·霍布斯（1588~1679）否定了笛卡尔的身心二元论，他提出，我们的身心是一个机械论和唯物论的整体。这是一种综合经验主义和理性主义的尝试，并且他认为人并不能完全算是一个高贵的物件，因而这又是一种甚为悲观的观点。虽然在历史上这并不是一个向世人宣布自己是无神论者的好时机，但霍布斯看起来似乎就是这样一个无神论者，而且他的世界观其实比较单调枯燥。这位戴假发的英国人决不会在博斯沃斯战场上载歌载舞。

霍布斯最著名的一部著作是《利维坦》。利维坦是《圣经》中一个巨大怪物的名字，不过并不是那条吞噬了约拿的鲸鱼（实际上《圣经》中从未提过利维坦是一头鲸鱼，英王詹姆斯钦定本中只是称它为"大鱼"）。霍布斯的这部巨著中所谓的利维坦指的是一种无序的社会。霍布斯认为，社会没有了秩序就会猛烈地自我毁灭。他认为秩序至关重要——这种秩序指的是一种在强者统治下的具有明显法西斯倾向的秩序。在当时，这种统治者就是那些君主：国王、女王和各种各样的统治者。他们依靠被统治者的辛勤劳动而生活，并认为这是神赋予的权力。为什么少数享有特权的人能过着舒适惬意的生活，而其余这些肮脏和粗野的国民只能过着贫乏的生活？一个方便的解释就是，因为上帝认可这一切。

> **名人轶事**
>
> 托马斯·霍布斯曾对生活下过一个著名的评语："肮脏、粗野和贫乏。"再加上《利维坦》这部书，使得他声名鹊起。霍布斯的《利维坦》指的是一种无序的社会。霍布斯认为，社会没有了秩序就会猛烈地自我毁灭，而最好的秩序就是独裁统治。

这是一个政治变革之风盛行的时代，是君主在王座上感到坐立不安的时代，在这样的时代中，霍布斯不见得容于所有人。他与自由派交不上朋友，因为他支持君主，但另一方面他又触怒了王室，因为他消解了君权神授论。霍布斯认为，强力统治者与其说是由上帝，不如说是由整个社会自觉推选出来并且委以统治权的。这就是他所说的社会契约。这对于社会的幸存者来说是必需的，并且必须要被严格履行，因为总的来说，人类生来就具有野蛮的倾向，因此必须要使人类的野蛮得到控制。霍布斯所生活的时代深受内战之苦，这使他相信，严厉的、自发的独裁统治将会拯救人类。

霍布斯坚持认为，人类的行为方式基于自私。生活的全部意义就是在自私中生存下来，损人而利己。与自私对应的利他主义是一种神话。利他主义是一种宣扬仁爱的哲学，教人帮助身边的同伴，霍布斯对这种哲学持的是斥责的态度。在霍布斯看来，无私的行为根本不存在。慈善行为实际上是为了满足自我。参与"撒玛利亚防止自杀会"的活动实际上提升了你在社会中的身份，或者说避免了被社会排斥。

霍布斯一直活到90岁，如此高龄，他还是一如既往的古怪并且愤世嫉俗。他会把邻居家的孩童赶出自己的庭院，因为在他看来，这些孩童无疑是人类未开化状态的缩影，他们代表了野蛮的无政府状态。

四、巴鲁赫·斯宾诺莎

巴鲁赫·斯宾诺莎（1632～1677）信奉泛神论，相信神呈现于万物之中。古代的德鲁伊勉强可以说是泛神论者，当代的环境保护狂也可以算是泛神论者。泛神论是自然崇拜的一种，这自然使得斯宾诺莎被无所不在的基督教权威所怀疑。此外，斯宾诺莎还是正统的犹太教徒，这也使得他与教会关系冷淡。但同时，犹太教一方又由于斯宾诺莎的泛神论信仰而把他扫地出门，于是斯宾诺莎最终成了没有宗教组织的人。

重要提示

泛神论认为，神即自然，神存在于万物之中，并且时时都在我们左右。但巴鲁赫·斯宾诺莎的泛神论却犯了一种精神信仰所可能犯的最糟糕的大忌：他认为这个世界的秩序是预定的，但同时却又否认了死后灵魂的存在。

与笛卡尔一样，斯宾诺莎也在努力解决"实体"这一问题。笛卡尔把无限的实体称为神；斯宾诺莎则称之为自然。他认为，神即自然，而自然这种实体可以转化为各种各样的他称之为"样式"的形式。斯宾诺莎的这种观点与前苏格拉底时期的原子论者的哲学颇为相似。

在对待激情这一点上，斯宾诺莎也与笛卡尔一样采取了回避的态度，他认为，激情是通往心灵平静的障碍。他相信，人是整个宇宙宏大图景（然而是客观的）中的一部分（然而是不显眼的），作为无数样式中默默无闻的一种，人是快乐的，每个人都能够得到属于自己的那份宁静，每个人都应该安于天命。显然，这种哲学无法得到大多数人的认同。

五、戈特弗里德·莱布尼茨

戈特弗里德·莱布尼茨（1646～1716）反对斯宾诺莎的泛神论，反对他把人看作是宇宙中的一种样式的观点。相对于斯宾诺莎提出的样式说，莱布尼茨认为现实由他所称为的"单子"组成。莱布尼茨认为，能够接触到所有单子的那个实体就是上帝。因此，上帝知道所有的答案，而对于人类来说，在生活的大部分时间里对现实都难以理解。我们只能接触到现实的一小部分，就像只能接触到精巧拼图的一小片，而上帝却对全局了然于胸。

与笛卡尔和斯宾诺莎一样，莱布尼茨的思维模式是数学的，他也发现动物性的激情是一块绊脚石。笛卡尔、斯宾诺莎和莱布尼茨都推崇逻辑。

莱布尼茨拟定了以下几条逻辑规律，他认为正是这几条逻辑规律支配着现实。

* 矛盾律：矛盾是一种固有的错误。

* 充足理由律：事出皆有因，虽然你可能并不理解。

* 谓词律：任何宣称某一事物的事物，是它所宣称事物的一部分，而不是引起它所宣称事物的事物。

* 差异律：任何事物都是独一无二的，没有事物完全相同。如果两个事物完全相同，那么它们就是同一事物。

* 最好世界律：这是一切可能世界中最好的世界。上帝所设计的这个最好世界是最符合逻辑、最简明的。莱布尼茨所说的"一切可能世界中最好的世界"，并不是指宏伟壮丽的乌托邦世界。他认为，最好的世界应该像是一台逻辑严密、运行完美的超级计算机。

第十章

英国经验主义

英国经验主义主张一切知识完全来源于经验。这一学派极力反对天赋观念论，坚持知识来自外部感官输入、内部情感反应与反省。

一、天赋观念

英国经验主义者确信在人身上存在着一个自主神经系统（虽然他们未必如此称呼它），因为许多身体功能的运行无须思想。呼吸、消化、心脏的跳动等功能都是先天的、自发的，不需要哲学家去思索和阐释其过程和原因。

重要提示

经验主义学派拒绝笛卡尔和理性主义者的天赋观念。他们相信人们所能知道的东西必定来自感官经验，来自对物质世界的观察。

然而，经验主义者认为，人并非在本质上天生就拥有知识。知识是随着时间经由生命经验而累积获得的。在18世纪，英国经验主义者主要以约翰·洛克、乔治·贝克莱和大卫·休谟这3人为代表。

谈到英国经验主义者，人们很自然地会想到他们对"人是什么"这一问题所做的富有争议的修正。在这3人之中，洛克的哲学被证明是最成功且最具影响力的学说。

二、约翰·洛克

约翰·洛克（1632～1704）相信所有的知识都是从经验中获得的。笛卡尔和其他理性主义者声称，思想由大脑产生或是由灵魂激发，不依赖于

知识点击

有一种理论名为"白板理论"，这种理论认为，婴儿来到这个世界时大脑一片空白，只有通过在后天经受各种感官经验，知识才被烙进他空白的心灵。

实践经验，而洛克驳斥这种观点。他认为这种观点未经证明也无法得到证明，因为所谓的天赋观念根本就不存在。他在《人类理解论》这部著作中阐述了自己的哲学。

1. 洛克与霍布斯

洛克与他的前辈，更为激进的托马斯·霍布斯，有着许多共同之处。虽然没有证据显示他们中任何一人是无神论者，但是他们的学说体系中的许多部分都表明他们是无神论者。前面已经提到，在当时极力坚持无神论无异于断送自己的事业。可以说，他们将这一切融入（假如不是彻底地抛弃的话）了纯粹的哲学。他们也几乎不用君权神授这种专横的说法。

霍布斯认为人类的自然法则是不惜一切代价保存自我，"自然状态"就是野蛮和暴力，但是洛克相信在自然法则下人们拥有——用另一位著名作家的话说就是，"某种不可剥夺的权利"，诸如生命、自由和追求幸福等。并且这些权利是由自己的劳动所得，而不是来自君主制下的贵族地位或福利国家。洛克学说在经济学上表现为资本主义制度。当然，资本主义是一种依据经济利益来提供商品和服务的体制。

名人轶事

美国的建国者们深受洛克哲学的影响，尤其是他提出的人生来就有包括生命、自由和追求幸福等不可剥夺的权利的观点。

2. 社会契约

和霍布斯一样，洛克也以社会契约理论闻名于世。在洛克看来，大众和政府之间订立契约，其目的是保护个人权利。洛克认为，公民沉默就是表示满意。如果不满意，他们有权收拾东西并脱离政府的统治，或者起来改革政府。美国独立运动和法国大革命的设计师们就认识到并采用了这一思想。

实体这个麻烦问题导致了洛克哲学中的某些矛盾。在讨论知识如何仅从经验中获得这一问题时，实体这个他始终没有圆满解决的问题就被搁置了。

之后的两位英国经验主义者都是洛克的支持者，他们在洛克的理论中增添了各自独特的见解。

哲学大考场

霍布斯的社会契约理论和洛克的有什么不同？

托马斯·霍布斯认为民众和统治者之间有一个契约，目的就是为了尽一切必要的努力去避免文明回复到它的自然状态，因为在霍布斯看来那是野蛮混乱的无政府状态。洛克则认为，契约是为社会谋求更大的福利，是为维护个人与生俱来的权利。

三、乔治·贝克莱

乔治·贝克莱（1685～1753）沉溺于理念世界。他相信一切事物都是观念，物质也不例外。依这位爱尔兰主教的看法，只有心灵和理念所产生的才是真实的。贝克莱被认为是现代唯心主义的奠基人，这派思想最初的表述可追溯到柏拉图。不同于洛克秘而不宣的无神论，贝克莱坦率地宣称，将认识引入并传达到每个人大脑中的正是上帝。我们感知的事物在心灵以外并不存在，它们自身没有实质的现实性。

1．贝克莱的论述

贝克莱的主要著作是《人类知识原理》。不过这本书却让他的哲学同行如坠云雾，以致他们响雷般地发出了"你说什么！"的质疑声，于是贝克莱试图给出一个更通俗化、大众化的版本，这就是《希勒斯和菲洛诺斯的三篇对话》。

贝克莱富有争议的哲学是对当时的怀疑论和无神论的反应。他赞成洛克著作中的多数内容，但不包括反神明的部分。关于笛卡尔的直觉和推论（思维和物质世界），贝克莱声称经由事物的第二性质是掌握第一性质的唯一办法。不管你怎样看它，它都是在你的思维中。

2. 直接知觉和间接知觉

贝克莱区分开了"直接知觉"和"间接知觉"。直接知觉是对事物的感官印象，间接知觉是指这些印象在大脑里如何被理解被思考。贝克莱强调我们仅存在于各自的主观现实中，而语言则是各个孤立的现实间唯一的沟通桥梁。因此感官经验和语言交流是我们认知事物的唯一途径。但是，这规则有一个例外：上帝。贝克莱曾被问过一个古老的哲学问题："如果森林里一棵树倒下了，但是那儿没有人，那么它发出声音了吗？"了解贝克莱关于"实在"的观点后，你会认为答案是否定的。但在贝克莱主教看来，答案却是肯定的，因为上帝听到了。

虽然没有多少人相信贝克莱的奇异想法，但他显然有引导之功，人们热衷于讨论这些问题，并为此进行了许多激烈争辩。

四、大卫·休谟

苏格兰哲学家大卫·休谟（1711～1776）是英国三大经验主义者中的最后一位。他受约翰·洛克和乔治·贝克莱的影响，并发展了他们的思想。休谟不仅否定了洛克的物质存在，而且否定了贝克莱主张的理念精神世界的存在。休谟还否认个体自我的存在。对于休谟来说，你并不存在，你不过是他所谓的"各种知觉的集合"。他批判了因果性规律，声称任何必然性的知识都是不可能的，数学可能是个例外。

休谟这样解释他的立场："推理从未向我们显示一物和他物的联结，只是我们借助经验从以往的所有例子中观察到了它们的连接。因此大脑从一个对象出现能得出另一个对象存在，并不是依据理性推论，而是在想象中把对这些对象的想法整合了起来。"

休谟在从事哲学写作的同时还完成了大量经济学著作，这点至少显示出他生活在现实世界中。此外，他还写了一部英国历史，这部采用经济学视角看待史实的著作得到了很高的评价。

第十一章

法国启蒙运动

这一时期的哲学以法国为中心，而且不仅是哲学受到启蒙运动的影响，这一时期的文学和政治都受到了启蒙运动的影响。美国独立运动和法国大革命就是这一时期的产物。这一时期的哲学家极度自信，他们不等后人，自己直接给这一时期定名为启蒙时代。

一、哲人

法语中的"哲人"指的是理性的人。哲人把人的知性和理性看得高于一切，这使得他们经常与天主教势同水火。而作为社会政治组织，天主教在这一时期在欧洲还是一股非常强势的力量。现在我们都知道，人类还仅仅只是开发利用了 10% 的脑力，剩下未开发的潜在的脑力相当巨大，哲人相信，有计划地充分开发利用人的理性将会带来一个黄金时代，人们将在所有人类努力过的领域获得进展。在这些人的理论中，自然的重要性超过了哲学经典和《圣经》。他们认为，人应该享受现世，而不应为将来是下地狱还是上天堂而烦恼或谋划。他们著书立说，用尖酸刻薄的语调挖苦和讽刺教会，而其结局常常是被关押或是被通缉。

这些哲人并不仅仅只是深刻的思想家。在这个浮华而又可笑的时代，他们一生都是耀眼的公众人物。他们富有进取精神，希望通过一言一行改变这个世界，而不是像罗丹的著名雕塑《思考者》那样，消极地坐在那里思索这个世界。

知识点击

小心你写在纸上的东西。启蒙时期所有伟大的思想家都为坚持自己的主张而付出过代价。在当时，你会因为发表了不同的意见而付出生命的代价。许多哲人就因为其言论而被监押或流放。

美国独立运动被誉为哲人理论的成功实践。不过在哲人的祖国——法国大革命却是一场血腥而又野蛮的革命，并且导致了拿破仑的崛起。不管你喜爱还是憎恨拿破仑，波拿巴并不热爱民主这一点是肯定的。虽然那些恶意攻击启蒙运动的人经常利用法国大革命中的恐怖统治来说明这是一种失败的哲学，但大洋彼岸的美国独立运动证明并支持了启蒙主义者（这是对哲人的另一种称呼）的理论。启蒙哲学家给人类留下了一笔财富，这笔财富在 19 和 20 世纪都还启迪着人类的理智和心灵。在这众多的哲人中，最值得一提的是孟德斯鸠、伏尔泰和卢梭这 3 个人。

二、孟德斯鸠

孟德斯鸠，全名为查尔斯·路易斯·德·孟德斯鸠（1689～1755），他创作了一部名为《波斯人信札》的著作，这部著作的主要内容是两个在欧洲旅行的波斯人之间的通信，其中充满了对当时社会的讽刺。借用陌生人来讽刺他所观察到的异地风俗，这种手法其实在历史上屡见不鲜。这部讽刺著作曾经红极一时，被认为是启蒙运动最早的一批经典著作之一。

知识点击

孟德斯鸠所主张的政治制度是，政府权力分割为几部分，部分之间互相监督并保持平衡，如此某一部分就不会因掌权过多而导致专制暴政。美国的建国者们在设计合众国的体制时无疑受到了这种哲学思想的影响。

孟德斯鸠还是一位出色的法学家，他主张法律上的相对主义。相对主义信奉这样的信条：适用于一人的，并不一定适用于另一人。

孟德斯鸠关心的是法律上的相对主义，好与坏、合法与非法在他看来都不是绝对的。适合这一社会的法律，不一定适合另一社会。孟德斯鸠的这种宽容并不包括所谓的君主专制，他认为，专制君主并不会全心全意为人民的利益而考虑，他们只会滥用权力，沉溺于腐朽生活之中。

三、伏尔泰

伏尔泰原名弗朗索瓦·马利·阿鲁埃（1694～1778），伏尔泰是他的笔名，他是启蒙时期最负盛名也是最负恶名的哲学家。伏尔泰一生都是一位富有正义感的名人。他的讽刺著作不止一次地让他坐进巴士底狱，不过这些监禁并没有让他停止写作。

伏尔泰自认为是自然神论者，与基督教不共戴天。伏尔泰在欧洲来回奔走了许多年。他接受英国的邀请离开了自己的祖国法国，横渡海峡后他在英国学会了用英语写作。后来他回到法国完成了《哲学通信》，这使得他与教会和当局的矛盾越来越深。

在他的一生中，伏尔泰与宫廷的关系时好时坏，时而受到赞扬，时而受到监禁。他是一位多产的作家，创作从哲学到小说到诗歌的各种体裁的作品。他曾受到普鲁士国王的热情款待，抵达后却对德国失望不已。他最终回到法国度过余生，正是在这一时期他完成了皇皇巨著《风俗论》，批判了宗教和天主教。

伏尔泰最著名的作品是《天真汉》，这是一部尖刻的讽刺小说。戈特弗里德·威廉·莱布尼茨认为，我们生活在"一切可能世界中最好的世界"，这部小说讽刺的就是莱布尼茨的这种哲学。伏尔泰不相信"事出皆有因，发生的总是最好的"这样的套话。他嘲讽了小说中主人公天真的乐观主义，但他同时也赞扬了人类不屈不挠的精神，面对失败和磨难，虽然有时会心力交瘁，但多数时候仍能昂扬向上、不屈不挠。在付出了高昂的代价之后，天真汉和他的同胞们终于明白了这个世界并不是一切可能世界中最好的世界，他们决定离群索居，在与世隔绝的庄园里过简单的生活，这是直接从佛教哲学中学来的——佛教哲学认为，每个人只要做好自己的

重要提示

自然神论是启蒙时代风行一时的思想，它是一种宗教哲学，认为上帝是存在的，但此上帝并非基督教的那个无处不在且时常发怒的上帝，而是一个高度非人格化的实体。自然神论者经常把世界比喻为上帝设计的一台老爷钟，上帝设计完之后就让这台钟嘀嗒嘀嗒地自己走，间或地自己报时。上帝这位神圣的制造者无须承担其他义务，也无须做保修说明。

事，那么世界将会变得更美好。

由于其对形而上学的消解和对人文精神的提倡，以及其关于小说和文学是推动哲学发展和社会变革的手段的观点，伏尔泰成了阿尔伯特·加缪和保罗·萨特等 20 世纪法国存在主义者的先驱。不过与存在主义者不同的是，伏尔泰信仰上帝。他以其特有的机智幽默申明了他的信仰，他说："如果上帝不存在，那就应该造一个出来。不过整个自然都表明着上帝的存在。"

四、让－雅克·卢梭

让－雅克·卢梭（1712～1778）是另一位法国哲学家和社会批评家，他还是最早撰写无隐私自传的作家之一。他的这种开诚布公在当时可谓震撼人心。

1.《忏悔录》

《忏悔录》是卢梭的一部著名作品，是他一生哲学思考的精华，同时也是一部异常诚恳的自传。卢梭的这部著作开创了心理自传的先河。他讲述了自己童年时如何迷恋于美丽动人的家庭女教师朗拜尔西埃小姐。这位家庭女教师曾打过卢梭的屁股，当时卢梭才 8 岁，但已非常早熟，这起在儿童教育中看似无伤大雅的事件对卢梭有着非常深刻的影响，它使这位哲学家形成了独特的个性和特殊的性癖好。此后在他的人生中，卢梭总是倾向于寻找那些具有支配欲的，通常是年长的女性作为伴侣。在《忏悔录》的开篇第一句中，卢梭宣称，这样的书前无古人，后无来者。虽然这句话无论从哪一方面来说都不能算完全准确，但《忏悔录》确实在文学中引入了一种全新的坦诚，并且影响了 19 世纪早期盛行一时的浪漫主义文学。

2.其他作品

卢梭创作了许多论文、戏剧、歌剧和小说，这些作品哲学化程度不高，但都包含着他对人类现状的观察和思考。在《论人类不平等的起源》这部著作中，卢梭谴责了包括艺术和政治在内的上流社会对人类的腐化作用，并认为它们对人类是有害的。他宣称，原始人在各个方面都优于"文明"社会。

在卢梭看来，文明越成熟，道德就越败坏。许多人不同意卢梭的这一观点，例如伏尔泰就曾直率地嘲讽过这一观点，两人也由此成了敌人。就卢梭本人而言，他也没有决定要离开欧洲，因此他不能算是说到做到的哲学家。卢梭后来把这个观点浓缩为"返回自然"的口号，意指人要回归本性，汲取纯真的美德和灵性。

3. 卢梭的《社会契约论》

与霍布斯和洛克这两位英国人一样，在同名的政治学论文中，卢梭对社会契约理论提出了自己的见解。卢梭与易怒的霍布斯不同，他更相似于平等主义者洛克，他为公民自由而大声疾呼，反对压制人的君主制所宣扬的君权神授论。就像洛克的著作启发了美国独立运动中的建国者们一样，卢梭的著作点燃了 18 世纪末期法国大革命的起义之火。不过与法国人不同的是，美国人正确理解了社会契约理论。

卢梭的《社会契约论》以一句著名的话开篇："人是生而自由的，但却无往不在枷锁之中。"在《社会契约论》中，卢梭提出，所有人生来就是平等的，并且生来就被赋予了某些不可剥夺的权利。听起来是不是很熟悉？颇具讽刺意味的是，大多数人却都把《社会契约论》看作极权主义政权的模型。

卢梭还提出了"公意"和"众意"说。公意是每个人不可剥夺的权利。这种权利不是哪个国王授予你的——你生来就有。不过，政府可以压制公意，而且确实经常这样做。

重要提示

卢梭所谓的自由与其说是指一种许可证，你可以做任何你想做的事，不如说是一种机会，你能做正确的事。这其中就包括对当局的服从——不是强加于你头上的当局，而是由公民一致授权的政府。

众意则是另外一种东西。它是社会中某些派别的意志，不管这些派别是国王、贵族还是某种特殊利益集团。这是当权者的统治，根本不是真正的"众意"。

4. 教育改革

如果说卢梭就是在对自由的辩护中都带有些许权力主义味道的话，那么他在教育方面则是改革家。卢梭通过小说《爱弥儿》表明了他在教育方面的观点，他在小说中陈述了一个关于教育的新的范例。他批评了当时教育的僵硬死板，主张在学习过程中要给予学生更多的表达自由，而不是让他们在严厉的女教师的督促下死记硬背。卢梭反对当时的学校教育，他认为这种教育的本质就是压抑扼杀学生。小孩子还处于自然和蒙昧的状态，那就应该鼓励他们遵循天真的本性，而不是阻挠反对。这本书在法国和瑞士都遭到了禁毁，同时卢梭发现，许多地方都在悬赏他的脑袋。

名人轶事

卢梭7岁时就将家里的书籍遍览无余，他还外出借书阅读，如勒苏厄尔著的《教会与帝国历史》、包许埃的《世界通史讲话》、普鲁塔的《名人传》、那尼的《威尼斯历史》、莫里的剧本等，他都阅读过。由于这些历史人物的典范影响和他父亲的谆谆教诲，卢梭深深体会到了自由思想和民主精神的可贵。他以这些伟人为榜样，甚至言行之间常把自己比做那些历史中的人物。有一天，他在桌旁叙说斯契瓦拉的事迹，在座的人都很惊讶地看到卢梭走上前去，把手放在熊熊燃烧的炉火之上，来表演斯契瓦拉的英雄壮举。这种早熟早慧的表现，正是卢梭特有天资的最初显露。

5. 卢梭的晚年

与他的论敌伏尔泰一样，卢梭经常要化名逃出他的祖国法国，以躲避恼羞成怒的当局。他曾在苏格兰哲学家大卫·休谟那里住过一段时间，但就像许多哲学家之间通常会发生的状况那样，两人争吵起来，并因此在文章中互相攻击对方。他接二连三地追求了几个富有的贵妇人，但最终却与一个朴实的农妇养育了5个孩子，并在晚年与她完婚。虽然他是著名的文学家，但他却总与当时的宗教和当局过不去，这使得他经常要在当权者的逼迫下东躲西藏，因此他晚年从未在一个地方长住过。卢梭希望能用他的哲学改善这个世界，而他也为此付出了沉重的代价。

第十二章

德国唯心主义

英国有经验主义者，法国有空想主义者，而德国则产生了我们称之为唯心主义的哲学流派。当英国人和法国人强调感觉才是产生知识的唯一途径时，德国人却把重点放在精神、思想和理念上。莱布尼茨是对这场运动影响最大的哲学家。

一、伊曼纽尔·康德

伊曼纽尔·康德（1724～1804）是第一位德国唯心主义者。他最著名的著作是《纯粹理性批判》。在这部著作中，康德提出了他的哲学，即所谓的批判哲学。

1．前提

康德感兴趣的是我们认知能力的前提——形而上学。按照康德的观点，我们不可能真正抓住物质世界的本质，而只能抓住形而上世界的零星闪光。诸如灵魂或者上帝存在这类事情不可知也不可证明，它们与信仰相关。影响康德的有两个人，这就是哲学家大卫·休谟和科学家伊萨克·牛顿爵士。尽管前者宣称任何事物都是不真实的，并且我们根本不可能掌握它；后者则"证明"了万有引力定理和其他科学事实。

2．科学与信仰

康德在早年或多或少曾追随过莱布尼茨，中年时，他在读了大卫·休谟的一部著作后宣称，休谟把自己从"独断论的睡梦"中惊醒。休谟认为，生命中没有确定性，我们人类仅仅只是感觉印象的集合体，这一观点震动了康德——一个大惊小怪的老单身汉，一个显而易见是墨守成规的人物。他试图完全搞清楚所有这一切，并解决科学与信仰之间的冲突，这种冲突已是一个古老的哲学难题。

即使最会怀疑的哲学家也会承认，2 加 2 等于 4。在这个混乱无序的宇宙中，数学通常被认为是一种恒定的事物。康德试图从根本上调和理性主义和经验主义的冲突。

重要提示

德国哲学家伊曼纽尔·康德把我们通过感官经验到的世界称为现象世界，而把我们不能通过经验感知的世界称为本体世界。

在《纯粹理性批判》中，康德定义了两种判断——分析性的和综合性的。分析性判断是其真实性能被其自身确定的判断；亦即，陈述事实的词汇，其词义本身就能确证事实。关于此种判断的著名例子是："所有黑色的马都是马。"黑马当然是马。关于综合性判断的一个例子是："这匹马是黑色的。"在要回答这匹马的颜色是否真是黑色时，需要"看马"这一行动来证实。

判断的另两种方式是康德所称的 priori 和 posteriori。这是拉丁语单词，意思分别是"先天的"和"后天的"。"所有黑色的马都是马"是先天的判断——你不需要看到马就知道。"这匹马是黑色的"是后天的判断，你必须要看到马才能确定它的颜色。

在康德哲学中，相对应于"先天的"和"后天的"的两个术语是"先验的"[1]和"经验的"。先验的可看作先天的知识——它是给定的，而且你就是知道它是正确的。经验的是后天的知识——你需要观察它以确定它的正确性。

循着这种逻辑，必然存在分析的、先天的和先验的一栏，另一栏是综合的、后天的和经验的。康德试着从 A 栏中取出一个，从 B 栏中取出一个，然后把这两者进行组合，查看会出现何种情况。通过混合与配对，康德发

---

①先验，是康德命名的一个哲学词汇，在康德哲学中，它与"经验"相对，意为先于经验的，人头脑里固有的"先天形式"，它是构成经验所不可或缺的。例如，几何形状并不是从事物的具体形状中抽象出来的，而是按照人头脑里先天的设想被构造出来的，事物的具体形状为这些先天设想的形状所规定。

现一些组合不符合逻辑，但是他很喜欢先天综合的组合。"先天综合判断"这一概念不亚于通过科学方法努力达到的普遍真理。

3. 本体

康德认为，本体世界并不是等待人类理智去认识的秩序世界。与其如此说，不如说是人的理智把混乱提取出来并赋予其秩序和结构，然后再放置进了我们所理解的本体世界。我们能理解时间和空间，并不是因为它们是外在于我们的概念；而是因为它们是内在的一种构造，正是这种构造使得我们能够理解本体。我们创造本体并不是出于精神错乱或是自我中心；而只是出于事物的构造。

如果我们看待本体时没有用我们的精神和感觉过滤，那么它就像是学龄前儿童用画笔乱涂乱画的某种东西。换句话说，那就是模糊的混乱，在这种混乱中，我们无法控制自如，而这很可能会使我们发疯。

康德思索本体世界或者形而上世界的本质。他站在乐观的立场上思索精神领域。康德相信，对本体世界，我们经常会有直觉上的线索。对星夜的敬畏感、当想到自己是沧海一粟时的平静感就是这样一种线索。康德相信上帝和最终正义的存在，相信不朽在"另一世界"终会被找到。

重要提示

康德认为理智具有"理解的范畴"，它使世界目录化、系统化，并理解这个世界。理智不可能经验任何没有经过理智之眼过滤过的东西。所以我们永远也不可能知道本体的真实本质。正是在这一意义上，康德宣称，实际上"感觉就是本体"。

由此，康德断定，经验主义者所宣称的"人类仅通过感觉经验获得他全部的知识"是不正确的；而理性主义者所坚决主张的"人类仅通过理性理解事物"也是不正确的。这是哲学史上的革命性思想，康德影响了他之后几乎所有的哲学家。至于他的直接继承人——其他的德国唯心主义者，虽然深受康德哲学思想的影响，但对他的哲学有所修正、修改，甚至和他产生不一致。

二、约翰·格特利勃·费希特

约翰·格特利勃·费希特（1762~1814）是康德的崇拜者。他遵循古老的格言——模仿是最诚恳的恭维。他的《所有启示的批判》在很多方面因袭康德，所以人们认为实际上它是康德完成的。他基本认可康德，除了一点，即他认为，根本的存在是永远不可知的。围绕这个问题费希特进行了思索，但是他对这一问题的解决如果不是自高自大，就是空洞无物。他宣称，他不仅创造了自己，而且创造了世界，这一宣称大胆而富有争议。

这是笛卡尔的"我思故我在"的变体，但它更像是"我思故世界存在"。假如我们通过乱涂乱画创造了我们自己，那么我们就不能就自己的不幸而责备任何人或者整个社会，这里不仅有骄傲的狂妄自大，也有霍里肖·阿尔杰的决定论。费希特在晚年发展了他早年的自我观点（自我是所有事物的焦点），最终形成这样一个命题：世间存在着一个全体的自我，而我们都是它的一部分。

三、弗里德里希·威廉·约瑟夫·冯·谢林

弗里德里希·威廉·约瑟夫·冯·谢林（1775~1854）最初是费希特的信徒；但最终就像历史上的师徒关系所经常发生的那样，他最终成了费希特的批评者。

他从未实现他作为哲学家的潜能，并且永远处在黑格尔——谢林曾指责黑格尔剽窃他的思想——的阴影之下。他是唯心主义者，被夹在两个更卓越、更有影响力的同时代人物之间，并且迷失于唯心主义者的重组之中。在他的晚年（其时黑格尔已去世），谢林有过短暂的辉煌，他的学生之一克尔凯郭尔延续了这种辉煌，成为一名成功的哲学家。

四、格奥尔格·威廉·弗里德里希·黑格尔

格奥尔格·威廉·弗里德里希·黑格尔（1770~1831）是另一位德国唯心主义哲学家。他是康德最著名的门生，但是在几个关键的问题上与康德意见不一致。黑格尔的目标是创立一个能按照过去、现在和未来的形式解释全

部经验的哲学流派。就像我们所知道的，这种对实在的解释和理解就是他的目标。黑格尔的支持者认为他用哲学家的冷静抓住了问题的本质；而他的反对者们则认为他那晦涩难懂的著作不具说服力，也难以理解。

黑格尔把实在称为"绝对精神"，他的目标就是解释绝对精神并勾勒出其发展历史。黑格尔哲学是古代前苏格拉底哲学家的一元论与唯心主义的混合物。一元论认为构成现实世界的基本元素是某一种事物。对黑格尔来说，这种事物就是他含糊地命名为"绝对"的东西。

重要提示

黑格尔认为实在就是绝对精神，历史通过持续的综合行动向前行进。如"正"遇到其对立面——"反"，然后它们组合成一个综合体，这个综合体又遇到它的对立面，然后又形成一个新的综合体，依此类推以至无穷。

1. 绝对

在其物理形态上，"绝对"是自然本身和我们周围的世界；在其精神或者非物质形式上，"绝对"是人类心灵及其理性的能力。黑格尔认为"绝对"是持续进化着的，他称这个过程为辩证过程。按照黑格尔的说法，"绝对"的演进由对立双方的冲突产生。

人类的理性尽管有限，但正是理性保证了"绝对"趋向于自知。人类精神的进化有助于"绝对"获得自觉。这和那个亵渎神明的想法——人类正在创造着上帝——如出一辙。

2. 艺术、信仰和哲学

黑格尔把艺术、信仰和哲学评价为刺激人类运用辩证法的3种最优方式。艺术通过发现理性世界的美来赞美绝对的物质形式。也许是带着一些文化偏见，黑格尔晚年宣称基督教是世界上最好的宗教。他把上帝化身为耶稣基督这一信仰看作是绝对的有限与无限这两方面获得最终组合的一种表现。在这3个要素中，黑格尔把哲学放在了最重要的位置，当然这毫不奇怪。

这是因为，没有了艺术和信仰的阻隔，人们就能通过理性的哲学思考理解绝对。

3．一个有序和理性的过程

像大多数哲学家一样，黑格尔狂热地推崇理性。他把历史的前进和人类的进步视为一个有序和理性的过程，把人类的历史看作是向更大自由迈进的演化过程。他的思想代表了一个时代，在那个时代，人类的权利和不断扩大的自由是大思想家们思考的首要问题。

黑格尔是道德相对主义者，这很符合当时的时代思潮。然而，他又补充说，社会道德优于个人道德，个人必须服从社会的需要。

黑格尔是当时最有影响力的哲学家之一。不同意识形态的人们都可以阐释他的信念，所以就有了保守黑格尔主义者和自由黑格尔主义者，信奉正统基督教的黑格尔主义者和持无神论的黑格尔主义者。卡尔·马克思和弗里德里希·恩格斯就是两位最著名的左派黑格尔主义者，他们是《共产党宣言》的缔造者。

五、亚瑟·叔本华

亚瑟·叔本华（1788～1860）对黑格尔的评价并不高，其实他对大多数哲学家的评价都不高。叔本华一生中所做的最激烈的事情之一就是诋毁和置疑流行的黑格尔哲学。他最有影响力的著作是《作为意志和表象的世界》。

1．意志

叔本华的世界观与古代的一元论者相似，他认为本体是某一种事物，这种事物就是他所称的"意志"。康德声称我们永远不可能真正了解实在的真实性质，即"物自体"，但叔本华并不这样认为。假如我们仅是脱离肉体而存在的精神，那么康德或许是正确的。但事实上，我们所有人都有受意志驱动和激发的血肉之躯。在叔本华看来，意志就是本体。

在本质上，意志体现为生存本能。如此，意志就超越了人类和动物王国，而扩展到整个宇宙自身。事实上，宇宙自身就是正在寻求和发展自觉

（按照叔本华的说法，自觉贯穿于人类的意志）的实体。世界基本就是宇宙意志的物质代表物。叔本华的意志既不像康德的温和而又模糊的本体，也不像黑格尔的逻辑和伦理的绝对，而是一种随意的、非理性的、并且通常是破坏性的力量。

叔本华断定人生充满着与生俱来的不幸。生命就是痛苦。意志激发欲望，而欲望则时刻提醒我们那些生命中缺乏的事物。如果我们不能满足自己的欲望，绝望和痛苦就会增加。不像无生命之物和动物，我们人类非常清楚自己狂躁的意志，并因意识到了这一点而痛苦。当然，我们都会做一些事后使我们困惑的、自己都觉得很奇怪的事情，诸如不合自己性格的或者自毁性的行为。这就是因为，意志在自作主张。在这点上，叔本华的哲学和弗洛伊德关于无意识的心理学理论倒很相似。懂得越多，伤害越深，这就是叔本华悲观厌世的世界观。在叔本华看来，爱只是一种幻象，意志的真正目的是要通过物种的繁衍存活下去。

2．弄清所有的意义

叔本华在晚年回顾他的一生时发现，他所信仰的东西都是零碎的元素和偶然的汇合，一系列的巧合，就好像是事先安排的一样完美、符合逻辑。这就像人们在他的生命中看似毫无道理的进入或者退出，但当他在晚年回顾这一切时，就会发现这些人从长远来说在他的生命中都扮演了怎样的角色。

叔本华对印度哲学和印度教非常感兴趣，而这些东西在西方世界才刚刚开始广泛传播。他尤其着迷于"摩耶①的面纱"这一观念，这种观念是对我们所非常熟悉的一种哲学和宗教信念的重述，即认为现实世界仅仅只是幻象。

3．悲观人生

叔本华是无神论者，但他也提倡伦理道德，虽然这伦理道德就像他那狂暴和非理性的意志一样令人沮丧。在这种道德里，没有生命的欢乐和张扬。

虽然叔本华的哲学散发着虚无主义，但他仍然试图为这样一个敌对疯

---

①摩耶是印度哲学和美学中的一个词语，意为"幻"。

狂的世界设计一种道德规范。这种道德规范不是为了惩恶扬善，不是为了满足某些精神需要，也不是承诺来世回报。这种道德规范拒斥生命本身，几乎就是提倡自杀。不过，叔本华并不赞成自杀。

4. 审美、伦理和禁欲

叔本华提倡审美、伦理和禁欲。按照叔本华的估计，审美可能会使人沉浸于对美丽事物的沉思而不去想七宗罪和邻居的妻子，它促使人压制蠢蠢欲动的意志，而把注意力集中在抽象的美上。当然，你不可能整天这样做，所以叔本华又倡导了一种伦理体系。

虽不情愿，但叔本华还是在其伦理体系中承认，个人是社会的一分子，并且实际上他就是他兄弟的监护人。叔本华提倡怜悯。但联系到叔本华哲学那种显而易见的消极气质，这自然很让人怀疑。其实，激发叔本华提倡怜悯的并不是利他主义，而是利己主义。因为，假如我们始终对我们的朋友保持注意并且对他们的痛苦感同身受，那么，我们潜在的破坏性的自我就会被转移，而意志也将得到轻微的抑制。

但是，伦理体系仍然不能达到预期目的，所以就有了叔本华提倡的第三种道德准则——禁欲。完全的自我否定才会完全压制污秽的意志。所以，在叔本华的视野里，完全的自我否定才是超脱的唯一方式。

六、弗里德里希·威廉·尼采

弗里德里希·威廉·尼采（1844～1900）可能是最具争议和被误解最多的哲学家。他是一个谈论"超人"（不是电影《超人》中的克拉克·肯特）的德国人，这使有些人认为他是纳粹。

尼采在年轻时受到叔本华哲学的影响。叔本华的悲观主义和无神论正适合弗里德里希，他接受了叔本华的思想并把它推向了虚无主义的极端。那句富有争议的格言"上帝死了"不仅在他活着时给他带来麻烦，而且死后也使他不得安息。然而，关于尼采，并不仅仅止于关于超人和上帝这种极具争议性的观点。

因为容易紧张、过分敏感和爱情上的不幸，使尼采终其一生都在忍受身体和精神上的折磨，并且在看到一个男人殴打一匹马之后受了严重的精神刺激，患上了精神病，境况悲惨。他跑去护卫那匹马，结果陷入疯狂，并且一生也没有清醒过来。尼采的后半生在其母亲和妹妹的照料下度过。他的妹妹是个反犹主义者，即最初的法西斯主义者；传播尼采的遗作，并把尼采贴上纳粹标签的就是她。

尼采并不是一个主张体系性理论（如经验主义或者唯心主义）的哲学家。他更像是电台谈话节目中滔滔不绝的主持人，愉快地并且令人印象深刻地责骂着基督教和西方文明。

1. 超人

尼采称基督教道德为"奴隶道德"，并且认为这是一种破坏性的社会病态——它把人塑造成了绵羊。尼采以超人哲学取而代之。尼采的超人能发挥人类的最大潜能。他的道德和价值能够"超越善恶"（他的一本书的书名），并且他会舍弃"畜群"——尼采用它来称呼无知的大众。超人不会在教会权力和其他权威人物面前屈服。超人也不会像旅鼠那样随波逐流。他不会被既有的道德观念束缚。他按照自己的道德做出伦理判断，而不被教会和社会左右。尼采认为，至今还没有任何超人登上历史舞台，但是他把耶稣、苏格拉底、莎士比亚和拿破仑列出来作为准超人的模范。

纳粹利用了尼采的超人理论，于是各种对尼采反面的言论随之而来。但是尼采对控制和征服他人并不感兴趣。他提倡的是在使自身不被压抑的社会制约的情况下，把握自

重要提示

尼采的超人拒绝谦卑和顺从，因为他认为那是基督教提倡的美德，而且事实上那是当权者用来控制普通民众的装置。超人关心的是现世而不是来世。

我并使个人的潜能充分发挥。

2.《悲剧的诞生》

尼采是一个问题人物，尽管如此，他仍不失为一个多产作家。虽然在他有生之年其著作从未进过畅销书行列，但是他深信自己会成为一名划时代的哲学家。他的第一部著作《悲剧的诞生》是对古希腊社会和哲学的颂词。在这部著作中，他提出了人性中狄奥尼索斯崇拜和阿波罗崇拜的差异。狄奥尼索斯是希腊所有的感官愉悦之神。尼采认为，相比沉默严肃的阿波罗，狄奥尼索斯或许是更好的原型。他认为欧洲文化太过于崇拜阿波罗，而一剂狄奥尼索斯的放荡或许对所有人都有好处。

3.尼采的格言

尼采最喜欢的哲学探讨形式是格言。格言类似于简短的谚语式的知识，通常只有几句话。他的大多数著作都是有着各种各样主题的格言集。他的第一部格言集叫作《人性的，太人性的》，另一部著名的格言集是参考中世纪法国吟游诗人的歌曲写的，叫作《快乐的科学》。这部著作因著名的尼采主义——即他大胆地宣布"上帝死了"——而出名。尼采提出这一煽动性的论断经过了深思熟虑，意在震动世界，使人们多思考他们的自由和真实世界中人的潜能，使人们不再害怕神的惩罚，或者因寄希望于来世的回报而牺牲现世的幸福。

尼采还曾提出永世轮回的理论，作为坚定的无神论者，他提出这一理论显得十分古怪。尼采是一位娴熟的诗人，精通文字，他的散文和哲学充满了比喻，因此，他的真实意图并不能完全按照字面意思去解释，他很可能并不是真的相信永世轮回。当然，对于来世而言，永世轮回是一种最不具吸引力的前景。

4.《查拉图斯特拉如是说》

尼采最著名的著作是《查拉图斯特拉如是说》。这部著作是尼采对犹太－基督教传统做出的一次绚丽的、狂热的和漂亮的攻击。全书充满诗意、隐喻和激情。《查拉图斯特拉如是说》讲述的是主人公查拉图斯特拉之精神觉醒的讽喻传说。查拉图斯特拉是尼采哲学精粹中的超人，他再一次提出了永世轮回，他提议我们应当奋起创造自己的生活方式，一种能让我们无怨无悔地永远重复下去的生活方式。

《查拉图斯特拉如是说》的序言以一则寓言开始，这则寓言概述性地表达了尼采关于社会个体所应达到的目标的观点。在这则寓言中，一匹骆驼变成了一头狮子，狮子杀死一条名为"你应该"的龙，然后狮子变成了一个小孩。

少年时，我们都是骆驼。人出生时犹如一块可爱的白板，而后我们就要承受堆在我们身上的全世界的重量。我们是负担的牲畜，扛着社会和基督教强加在我们天真心灵上的所有东西，这阻碍我们获得全部的能量，阻碍我们发现真正的幸福。成年之后，我们是狮子，我们开始在世界中冒险。社会和宗教的恶魔力量甩给我们的废物越多，我们就越强壮。这就是尼采发出的著名格言："没杀死我们的东西使我们更强壮。"

狮子对抗着一条龙，这条龙有一个古怪的名字——"你应该"。这个吓人的、喷着火的怪物就是所有在我们生命中令我们窒息的社会和宗教的规则。狮子杀了可恶的龙，然后变成了一个天真纯洁的孩子。这种孩童状态是成年人的目标，成人躲过了投石和箭，伤痕累累但却不屈不挠，最终杀死了龙，于是作为胜利者的超人出现了。简而言之，这就是尼采的哲学。

哲学大考场

什么是永世轮回理论?

永世轮回提出，我们注定生生世世一次又一次要过没有变化、也不能改变或修正的生活。尼采可能是沉浸在了诗意的自由当中，作为无神论者，他提出了另一种神话以代替他认为有害的犹太－基督教神话。

5.《在善恶的彼岸》

尼采用《在善恶的彼岸》一书表达了他对哲学本身和其他哲学家的哲学观点的看法。他蔑视学院派的作风，而拥护一种更加积极和富有攻击性的方式。尼采认为哲学家如果想要卓尔不凡，他们就应该乐于冒险并过彻底的、哲学的生活。尼采在这本书中大张旗鼓地提出了著名的"权力意志"这一概念。他认为，社会强加的道德不具有正当性，真实的生活经常发生于超越善恶的领域。如从相对积极的方面来阐释的话，权力意志就是指"追寻自己的兴趣"和"成为你所有能成为的"。权力意志的阴暗面则质疑大众普遍接受的信念，即怜悯和保护弱者以及放弃权利是一种美德。当你发挥你的权力意志时，其他人会因之受到伤害，而你也会被其他人狂暴的意志伤害；但是，在尼采看来，这就是生活。这些观念很容易被滥用，从街区的小混混到暴君的走狗都滥用这些观念。正像一些人以上帝的名义做出很多恶行一样，多年来，一些尼采爱好者也打着尼采的旗号为非作歹。

名人轶事

尼采在感情上非常不幸，好几次求婚都被拒绝。尽管在生活中备受折磨，可能也正因为如此，他才能得以创做出大量强有力的作品。这些作品撼动了维多利亚式的栅栏，并激起人们同等强度的灵感和愤怒。

6.《论道德的谱系，一篇论战文章》

《论道德的谱系，一篇论战文章》继续《在善恶的彼岸》中所阐明的主题。尼采再次谴责基督教道德成了控制平庸大众的工具。就像溺爱孩子的母亲教育子女一样，教会和社会成功地利用"罪"作为一种武器和工具控制住了民众。尼采还不失时机地对教士阶层进行了攻击，他称教士为懦弱和卑怯的阶层，所谓的教士只会因滥用权力，操纵比他们更加懦弱和卑怯的畜群而感到高兴。

7. 尼采的其他著作

在《瓦格纳事件，一个音乐家的问题》中，尼采公开利用音乐批评攻击他的前良师益友理查德·瓦格纳以及他所代表的一切。瓦格纳是现今人们所熟知的著名古典作曲家，但他同时也热衷于政治，据说还是一个吝啬鬼。

在《偶像的黄昏》（也称《怎样用锤子进行哲学思考》）中，尼采把他的犀利的笔锋转向了几乎所有主要的哲学家：苏格拉底、柏拉图、康德和卢梭都被他称为颓废派。愤怒的尼采赞美恺撒和拿破仑，并且，在这么多人中他偏偏赞美智者！

尼采接下来的一本著作《反基督，诅咒基督教》更加具有挑衅性。在这部著作中，尼采哀悼罗马帝国在受到基督教破坏性的影响之后的衰败，并再次痛骂基督教，称基督教是一种不健康的宗教信仰，这种信仰摧毁了人类所有高贵的品格。

8. 关于尼采的一切

尼采自己在《瞧这个人！》中提供了"尼采著作概览"，这部著作部分是自传，部分是对自己哲学生涯中所写的全部作品的批评性研究。他非同寻常地把某些章节命名为"为什么我这么智慧"、"为什么我这么聪明"，以及"为什么我写出了如此好的书"。尼采赞颂自己是一个敏感的人，是一个懂得如何吃好、照顾好自己的人，是一个只有少数有识别能力的读者和思想家才会欣赏的大胆的预言思想家。在名为"为什么我是命运"的最后一章中，尼采宣称，他的精神遗产将是彻底破坏文明社会的最有力的武器，并将创造新的世界秩序。他希望放荡的异教之神狄奥尼索斯在下一个千年能取代耶稣的位置而成为有影响力的神。

尼采的命运完全不是他所希望的那样，但是他的精神遗产确实从正反两方面深刻地影响了整个 20 世纪。当然，尼采最坏的解释者是他的妹妹。她是反犹的法西斯主义者，后来成了阿道夫·希特勒和本尼托·墨索里尼的密友。通过选择性的阐释，纳粹很容易就能修改和利用尼采的怒吼来为他们自己的行为辩护。

第十三章

功利主义

在 19 世纪，功利主义作为一种哲学和社会思潮开始崛起。功利主义起源于英国，最著名的两位功利主义倡导者是杰尼米·边沁和约翰·斯图尔特·密尔。

一、杰尼米·边沁

大卫·休谟相信，人类总是趋向于选择那些有功用的事物。根据休谟的这一提示，杰尼米·边沁（1748～1832）写作了《道德与立法原理》，这部著作使他名声大噪，成为一名社会改革家。这部书的要旨是一个古老而又颇为显然的理论：趋乐避苦是人的本性。

1. 追求快乐

边沁把趋乐避苦这一人的本性从个人层面扩展到了整个社会的层面。他认为，人可以对快乐和痛苦的价值进行精确的科学计算。理想的社会状态应能让大多数人感到快乐和惬意，而不是伤害人。公共决策和法律应该要视大多数人的快乐而定。至于惩罚，则要视过错的性质而定，并且要有足够的威慑力。因此，功利主义的准则就是"以恶制恶"。

边沁提倡快乐主义哲学，但与伊壁鸠鲁主义一样，这并不是指对快乐的肆无忌惮的追求。边沁信奉社会快乐主义，他称之为"最大多数人的最大幸福"。边沁把道德与

知识点击

杰尼米·边沁的社会快乐主义哲学并不是指每个人都可以生活在欲望岛上。与伊壁鸠鲁主义一样，社会快乐主义指的是快乐最大化、痛苦最小化，而不是指任由低级享乐滋生蔓延。

快乐联系了起来。他认为，一个行为，它越是能提供快乐，它就越是道德的（反之亦然）。边沁和功利主义由此引得人们群情激奋，其思想也被认为是浪荡子的哲学。这种哲学被称为后果论。所谓的后果论是指人的行为是否道德取决于这个行为的后果如何。

2. 快乐计算法

边沁以经验的和科学的方式来考察快乐原则，他设计出了一套数学公式，用以精确计算每一具体行为中幸福快乐的因素。他把计算的指标分为 7 项：

* 快乐强度：快乐的强度有多大？
* 延续时间：快乐可以持续多长时间？
* 发生概率：如何能保证快乐的发生？
* 发生时间：什么时候才接近于快乐的发生？
* 有益度：这一次快乐的行为将会引发更多的快乐吗？
* 纯净度：这次具体的快乐免除了多大的痛苦？
* 发生范围：多少公民能体验到这次快乐？

边沁认为，人们应该用这公式计算他们生活中所有的快乐。他把这叫作"快乐计算"，并相信计算快乐最终会成为人们的习惯。

二、约翰·斯图尔特·密尔

约翰·斯图尔特·密尔（1808～1873）继承并发扬了功利主义的传统，并且成了这一哲学最为著名和最为有力的倡导者。密尔的父亲詹姆斯同样也是一位值得一提的哲学家，他是边沁及其学说的坚定支持者。

约翰·斯图尔特·密尔的《功利主义》在边沁哲学的基础上对功利主义做了进一步的阐释和改进。密尔与边沁在关于快乐、痛苦和道德这几个方面意见一致。

1. 高级快乐与低级快乐

功利主义认为，人们要在每次行为之前对这次行为进行统计分析，并计算快乐的因素。这种观念遭到了批评家的嘲讽，而密尔则竭力与这些批评家争辩。他否决了功利主义的这种观念，提出了自己的折中观点。密尔与边沁的不同之处就在于，他提出了快乐的质量，而不仅仅只是数量。密尔把快乐分为两个层次：高级的和低级的。他对快乐作了价值判断，而这是边沁所未曾作过的。他认为，如果从长远来看对整个社会是有利的话，那么些许的痛苦并不算坏事。不过，密尔的这种观点也遭到了攻击，批评者认为，对快乐进行道德测算并得出某些快乐更好、更有利的结论，这种做法不仅是一种精英主义，而且从根本上动摇了功利主义的根基。

密尔最著名的著作是《论自由》。这部著作讨论的是当时的政治自由问题，但今天它读起来就像是一位保守党的谈话节目主持人所做的声明。密尔强调个人对个人行为的责任，强调个人对幸福快乐的追求。社会只需关心那些全局问题，政府对个人生活的干涉越少越好。只有当个人犯有粗野的反社会的罪行并对他人构成威胁时，政府才需要介入到人们的个人事务中来。如果你做的事只对自己构成伤害，那么这只是你自己的事。当然，密尔的治理条例也有例外。言论自由是重中之重，但那些煽动暴乱或是怂恿犯罪（或是其他严重伤害他人的行为）的言论自然是要被禁止的。

2. 女性的角色

密尔在女性权利问题方面在当时显得相当超前，在他的乌托邦中，他制定了严格的法律以保护妇女免于家庭暴力。密尔还为儿童权利而斗争，因为在当时，还有童工要长时间在不安全的生产条件下工作。总而言之，个人的自由至关重要，而政府的介入则要尽可能地少。

密尔还著有一部名为《女性的屈从》的著作，这部著作要早于现代女性主义运动将近1个世纪。19世纪和20世纪早期的争取女性社会政治权利的运动被称为选举权运动，而密尔就是倡导普选权的先行者。选举权其字面意思就是指投票的权利，这是当时女性主义运动的一个重点，不过实际上其包含的内容并不止于此。

密尔这部充满激情的论著抨击了当时父权制社会的种种不公。女性没有选举权，通常被视为二等公民。密尔把女性的这种情形比做英国已废除了一阵子、而美国才刚刚废除的奴隶制。这部著作发表于1869年，距美国南北战争结束正好4年。这种对女性的不公正对待可以说反映出了史前靠蛮力取胜的穴居人时代的痕迹。密尔争论说，这种"强权即公理"的心态在文明社会的方方面面都已经被摒弃，除了在女性问题方面。

名人轶事

密尔在《女性的屈从》这部书中为女性的平等权利而大声疾呼，这远早于现代的女性主义运动。作为一个男人，在19世纪撰写这样的一部论著，密尔着实让人吃惊不已。

三、女性主义者

玛丽·沃斯通克拉夫特（1750～1797）虽然不属于功利主义这一派，但我们仍将她归入本章。这是因为，与密尔一样，她关于女性的观点非常超前。沃斯通克拉夫特十分关注当时的社会政治状况，写了不少评论文章，这其中就包括女性主义在内。这些著述文笔流畅、语言犀利，因此沃斯通克拉夫特（虽然作品不多）对文学也有相当大的贡献。

沃斯通克拉夫特曾在伦敦的一所学校做过教师和校长，在这一期间，她对自己所教的青年女性做了仔细地观察。她发现，这些女孩子已经被社会教化出一种从属的思维模式，虽然在她们当中有许多人与同年的男孩子一样天资聪颖，但她们的生活却已永远无法改变。

由于本书是一部关于哲学的著作，因此我们就着重讨论沃斯通克拉夫特对女性主义哲学的贡献。沃斯通克拉夫特的贡献主要体现在一部名为《女权辩》的著作中，在这部

重要提示

《女权辩》是玛丽·沃斯通克拉夫特创作的一部强有力的女性主义赞美诗，它的创作时间远早于现代女性主义运动。她雄辩地指出了女权的问题，当时离这一问题变得热门起来还有将近200年的时间。

著作发表时，女性主义哲学还远未流行起来。在《女权辩》一书中，沃斯通克拉夫特批评启蒙时期的哲人——特别是卢梭——经常滥用他们所夸耀的理性。她还对其他许多方面提出了控诉：

* 她谴责当时社会对女性"洗脑"，迫使女性进入一个她们无法获得独立的社会结构。

* 她主张女性要享有与男性同等的教育。

* 她悲叹"老处女"的状况，"老处女"是一个贬义词，指的是那些不管出于何种原因从未结过婚的女性。

* 她承认男性通常要比女性在生理上强壮，但她争辩说，我们已经进化并已超越了穴居人的伦理道德。

* 她规劝女性不要再试图取悦男性。

* 她悲叹女性青春期的困扰。

* 她抨击男女两性上的双重标准，男性可以风流快活而不受谴责。

* 她提倡男女合校，声称把两性从小放在一起培养对双方都有好处，并有利于打破隔阂。

远在格洛丽亚·斯泰纳姆和贝蒂·弗丽丹出现之前，这位非同寻常的女性就已格外有力地提出了男女平等的问题，并且她比后来的追随者显得更有文学天分。遗憾的是，她只是荒野中的一头孤独的母狮，那些渴望听她吼叫的仰慕者实在是太少了。不过当初那些谴责她的男性沙文主义者现在都已湮没不闻，而这位浪漫的女性主义者的精神遗产却最终为改变这个世界做出了贡献。

第十四章

美国超验主义者

超验主义哲学可以追溯到柏拉图，以及他的型相理论。在这个世界上，我们无从理解和把握的现象非常多。富有洞察力的超验主义者们对这些不可捉摸的领域有独到的认识，而他们的认识，对普通大众来说，多少有些高深莫测。

一、今日超验主义

在现时代，超验主义指 19 世纪上半叶美国的一个思想流派。在这个思想流派中，一群富有真知灼见的思想家们著书立说，探讨哲学问题。这些人主要聚集在新英格兰地区，对这个地区由英国清教徒祖先遗留下来并且已经根深蒂固的清教主义文化极为不满。他们反对任何宗教组织的仪式和教条，倡导通过更为个人的、直接的、世俗的途径去理解宇宙的奥秘，与神灵进行面对面的交流。

在美国超验主义者当中，有哲学家、心理学家、刚毅个人主义者、自然主义者以及文学工作者。他们热爱大自然，有泛神论的倾向。他们把大自然视为一个整体的宏观世界，而人是一个个微观世界，这些微观世界是宏观世界的缩影。在他们眼中，上帝是存在于自然万物中的"超灵"，人能够超越理性的束缚，通过直觉与"超灵"对话，领悟真理。超验主义者的这些哲学思想，渗透

重要提示

美国超验主义者出现在新英格兰地区而不是这个国家的其他地方，这并不是偶然现象。英国清教徒祖先最先在新英格兰地区登陆，他们信奉的清教主义对当时的自由思想家和知识分子产生了深刻的影响。

着浓厚的神秘主义色彩，并且与印度、中国的哲学思想颇有关联。超验主义者们往往根据个人经验进行诗歌创作，除此之外，他们也关心社会问题。他们拥护公民权利，倡导男女平等，是早期的女权主义者。他们择乡村而居，与自然和谐相处。最著名的两位超验主义思想家是拉尔夫·瓦尔多·爱默生和亨利·大卫·梭罗，当然，还有几位重要人物在超验主义运动中也起过举足轻重的作用。

二、拉尔夫·瓦尔多·爱默生

拉尔夫·瓦尔多·爱默生（1803～1882）是美国超验主义两大领袖人物之一。他原本是基督教唯一神教派的牧师，在遭到妻子早逝的重大创伤之后，他的人生观也发生了巨大的变化。他抛弃了以往的生活模式，游历各国。他拜访了英国著名诗人华兹华斯、柯勒律治以及其他的一些欧洲艺术家和思想家。之后，他回到美国，在马萨诸塞州的康科德定居下来。

1836年，超验主义俱乐部成立，爱默生是倡导者之一。本章所涵盖的许多重要的超验主义思想家都是这个俱乐部的成员。他们创办了小型综合性刊物《日晷》，宣扬超验主义思想。一些俱乐部成员还在马萨诸塞州的波士顿郊区组建了乌托邦式公社——布鲁克农场，体验和谐生活。这些超验主义者都是个人主义的捍卫者，他们强调自助，崇尚直觉，相信正是直觉开启了人类通往真理的大门，而非宗教的教条、教义。超验主义俱乐部，既是社交性俱乐部，又是相互扶持的俱乐部，也是展示的平台，成员们聚在一起，朗诵个人诗作，探讨哲学问题。这样一个俱乐部，绝对是思想激进者们论辩和交流的温床。

哲学大考场

什么是泛神论？

泛神论是一种哲学观点，相信神存在于自然万物之中。神并非遥不可及，而是无处不在。基督教信仰的精髓，通常被描述为这样一句话——"上帝即爱"；对于泛神论者来说，"上帝即自然"的表达则更为贴切。

爱默生是一位作家、演说家，《论自然》和《论自助》是他最为著名的作品，其中渗透着超验主义的哲学思想。爱默生认为，每一个个体都可以充分地、自主地与超灵进行交流。我们就像庞大的有机体中的一个个小细胞，而这个庞大的有机体就是上帝，或者说自然。我们可以凭借直觉接近超灵，领悟到这个存在于人和自然万物间的力量。正如圣·奥古斯丁所坚持的，爱默生同样坚信，邪恶并不是实质性存在的，它只会在善良不存在的地方逐渐滋生。爱默生还认为，诗人是现代社会的神秘主义者和预言家。他的思想直接启发了美国最伟大的诗人沃尔特·惠特曼，对美国的哲学和文学领域也有着深层次的影响。尽管 19 世纪已经远去，但他的这种影响并没有完全消失。

三、亨利·大卫·梭罗

亨利·大卫·梭罗（1817~1862）并不是一个纯理论的哲学家，他将自己的哲学主张付诸实践，为了捍卫个人主义愿意付出任何的代价。在名作《瓦尔登湖》中，他以日记体的形式记录了自己在瓦尔登湖畔小屋隐居的生活点滴和日常感想，极为有力地宣扬了超验主义的哲学思想。

梭罗曾就读于哈佛大学。在校期间，他听过爱默生的演讲，深受启发。后来，他与爱默生结识，甚至在爱默生家里住了一些年，充当他的助手。超验主义俱乐部的杂志《日晷》创办后，他经常给该杂志写稿。随后，他在瓦尔登湖畔亲手建了那间著名的小木屋，在那隐居了 2 年，并创作了《瓦尔登湖》这部经典作品。

知识点击

"天定命运"这一术语最先由一个记者发明并且使用，随后成为美国整个社会的战斗性口号。"天定命运"标榜美国的创建是上天的安排，美国横贯北美洲，直达西部阳关海岸的领土扩张运动不仅仅是辉煌的举措，也是上帝的旨意。

梭罗提出的另一哲学思想——"公民不服从"——影响更大，在 20 世纪得到了广泛的实践和运用。1846 年的一天，梭罗因为反对美国侵犯墨西哥的战争而拒绝纳税，被关入监狱。在监狱里待了一个晚上后，他写出了

《论公民的不服从》。尽管 1846 年至 1848 年间的墨西哥战争已经逐渐消失在人们的记忆里，但正是这场战争催生了美国人的"天定命运"说。

"公民不服从"，顾名思义，是指社会的公民因为现有法律的不公正或者现行社会政治系统的不公道，以非暴力的方式进行反抗的行为。公民不服从者在采取行动的时候，能够充分意识到自己可能要承担被权力机构关押和（或）施暴的后果。"消极抵抗"，指社会的公民以不合作的方式反抗权力机构，并且需要为自己的行为付出代价。消极抵抗者相信，只要有相当数量的公民加入到他们的队伍，他们就一定能让社会做出改变。梭罗的信条是——良知高于服从。

梭罗是美国最先挑战传统、不墨守成规的人之一。他抵制物质中心主义，提倡节制地生活，这使他常常处于贫困的边缘。但无论社会给予多大的压力和排挤，他都坚守自己的立场，活得非常自我。

他是真正的狂热的环境保护主义者，他的这种生活方式在他去世后 1 个多世纪才逐渐流行起来。除了以细致的文笔描绘瓦尔登湖神秘而美丽的自然景观以外，梭罗还深深为科德角和缅因森林的纯洁质朴的美而吸引，创作了同名作品《科德角》和《缅因森林》。

重要提示

大多数唯一神教派信徒在当时是自由改革者。他们是社会的活跃分子，积极地实践那些非常有价值的理想，其中最为人所知的便是支持废奴主义运动。许多美国超验主义者最初都是唯一神教派的信徒。

梭罗意志坚定，性情倔强，这样的性格导致他身边的朋友渐渐离他而去，连爱默生最终也与他疏远了。他勉强维持着自己的日常生活，常常一个人独处。基于他的这种非常规的生活方式，后人们认为他是一个具有英雄气概的哲学家，且能够身体力行，而非夸夸其谈。

四、威廉·埃雷里·钱宁

威廉·埃雷里·钱宁（1780～1842）是 19 世纪早期美国唯一神教派的创始人。唯一神教派是基督教的一个分支，该教派反对三位一体（正统基督教认为，上帝是以圣父、圣子、圣灵 3 个位格来显现的）的教义。

钱宁也是社会改革者，他撰写文章，发表演说，呼吁废除奴隶制度，建立公共学校体系，为越来越多渴望呼吸自由空气的大众提供一个学习的平台。他的文章极大地影响了超验主义运动。钱宁相信，人与上帝之间的联系是非常个人的事情，上帝存在于每个人的心中，也就是说，人的本质是圣洁的。只要我们本着"己所不欲，勿施于人"的金科玉律，虔诚生活，体恤他人，我们便可以通过自身触摸到神性。

五、阿莫斯·布朗森·奥尔科特

阿莫斯·布朗森·奥尔科特（1799～1888）是一位大学教师。他一直靠微薄的工资勉强维持全家人的生计，直到女儿路易莎·梅·奥尔科特的作品《小妇人》成为畅销书并且名利双收之后，家里的窘困局面才得以改善。他不仅是一位废奴主义者，也是早期的男女平等主义者。此外，他还是一位素食主义者。他的思想和行为有些超前于时代，常常让人觉得古怪，有时候平易近人，有时候又离经叛道。作为一名教师和演说家，他在大多数情况下，以新英格兰地区那种特有的和蔼可亲的气质宣扬他人的哲学思想，并且定期为超验主义俱乐部的杂志《日晷》撰写稿件。他虽然时不时地出人意表，引发争议，但同时也非常受人尊敬，是一位颇具影响力的超验主义者。

知识点击

想一想吧，你的父母、叔叔、阿姨曾经是不是嬉皮士？你认为他们是社会改革者吗？美国超验主义者生活的时代距离喧嚣的 20 世纪 60 年代有 120 多年的时间。他们学习东方的哲学思想，宣扬素食主义，并且组建公社，共同生活，为争取公民权利和男女平等而不懈努力。

第十五章

现象学和存在主义

现象学是 20 世纪的一个哲学流派，它致力于消除理论和先入之见并且力求"保持简单"。存在主义者相信，尽管精神枯竭的世界会产生悲观主义和虚无主义，但是个体仍能够以卓绝的英勇精神面对绝望。

一、埃德蒙德·胡塞尔

现象学的创始人是德国哲学家埃德蒙德·胡塞尔（1859～1938）。他研究精神本身，而不是心灵感知到的外在世界的事物事件。在胡塞尔看来，意识完全来自心灵。他称此为现象学还原。意识可以思维并不存在的事物，所以这派哲学与唯心论和非物质论有相似之处。他把这叫作存在物的支架，不再把事物与实在性或非实在性相提并论。

他把意识的本质定义为他所谓的意向性。思想和事物的联系密不可分。不想到某物你就无法思想。意识里必定存有他所说的意义，而把意义分配给对象是直接意向性的。这类似新物理学中的理论，实验者不能决定而只能影响实验的结果。

在意识中思考和反思事物，对事物自己描述它们并用不同的方法考察它们，这是创造力的一个方面。现象学作为哲学影响了许多艺术家和文学

哲学大考场

存在主义是什么？

根据《美国传统词典》的解释，存在主义是"一种强调在怀有敌意或冷漠的世界中个人经历的独特性和孤立性的哲学，它认为人的存在不可解释，并强调选择的自由和对自己行为的结果负责"。

家的创作活动。现象学也向我们显示了对事物的感知多大程度上影响了我们的世界观。可以说，感知即是现实。

二、索仑·克尔凯郭尔

索仑·克尔凯郭尔（1813～1855）被认为是第一位存在主义者，他的作品是对当时流行的黑格尔哲学的回应。作为丹麦著名作家，克尔凯郭尔用反讽来表达他的观点。所以常很难分清什么时候他是严肃的，什么时候是在开哲学玩笑。他也是第一个自己读自己作品的作者，他推倒了作者和读者间的"第四堵墙"。

1. 克尔凯郭尔的目标

克尔凯郭尔坦率地写出了他想要成为著名作家的渴望。他宣称要传播基督教真正的要旨，他认为这样的真理在基督教教会当中已经失落了。

克尔凯郭尔认为悖论和矛盾永远存在。悖论看似对立，但如果考察得更密切点，我们就会发现其中很有深意，并不矛盾。克尔凯郭尔自身就是他所说的悖论的体现。他是哲学家中的神探科伦坡中尉，在自己的作品和生活中，他经常呈现给公众的是一个怪人的形象，然而实际上，他是非常严肃和理智的思想者。

他的许多著作都用的是笔名。他认为，把作者的名字从书上抹去会使所要表达的意思更纯粹，能防止作者成为追逐名声的自大狂，能使读者专注于书的内容而非作者。克尔凯郭尔不仅用虚构的名字写作刻薄的黑格尔仿作和自己的哲学作品，而且为了扮演唱反调的角色，他还创作了关于自己以及哲学的讽刺作品。

克尔凯郭尔赞成个人胜于集体。实际上，他认为在大的问题上，集体的意见总是错的。我们必须自己考虑并对集体意见保持怀疑。我们不该因旁人的想法而烦恼或动摇。我们必须自己决定事情，然后如实地支持自己的想法，尽管不可避免地会有来自群体的压力。

这种决不妥协的生活自然会有令人惊慌的前景。这样的生活肯定会与人群疏离并被社会排斥，最终导致焦虑或畏惧。恐惧随着自由而来。克尔凯郭尔著有一部名为《恐惧的概念》的著作，他在这部著作中提出，过精神独立的生活，其自然的反应就是忧虑。宗教不能缓解焦虑和提供援助，因为宗教是一种不合逻辑的、无法证明的和需要巨大的信念支持的哲学。

2. 主观真理和客观真理

克尔凯郭尔寻求他称之为"主观真理"和"客观真理"之间的区分。客观真理意味着有些事物不管你知不知道、相不相信都是真的。主观真理的意思是对你而言是真的东西，对别人而言未必为真。克尔凯郭尔的个人哲学无疑使他倾向主观真理。客观真理由集体制造，而集体作为见识、智慧和真理的来源是不可信的。克尔凯郭尔认为，热烈地支持主观真理要优于冷漠地遵循看似显然的"客观"真理。

这并非意味着克尔凯郭尔是反基督教者。事实上，他是虔诚的基督徒。他试图刺穿集体思想、打破教条以求回到本原，让基督教再次接近普通的基督徒。他认为基督教不应有中间人（宗教组织）作媒介，宗教应该是个人和上帝的直接联系，这种联系的实现需要你根据自己的信仰原则来生活，而不仅仅是在星期天上教堂，不假思索地遵照教会教条。你的生活就像一篇学位论文，你将在审判日把它呈给上帝。你的生活就是你的作品，而这一作品则要受到全能的神的严格审查。这完全是职责，你最好尽力做好。

3. 存在主义的根源

由于对异化、焦虑和荒谬的论述，克尔凯郭尔被认为是一个存在主义者，但这有些勉强，因为克尔凯郭尔认为，信仰上帝是生活中美好而重要的部分，而存在主义者却是无神论者，他们并没有追随克尔凯郭尔的这种信念。但存在主义者热切赞成他的个人主义，反对漠然的（如果不是明显敌意的）社会。存在主义展露于 20 世纪，但是它起源于克尔凯郭尔还有尼采的哲学。克尔凯郭尔不仅影响了未来的一批哲学家，包括马丁·海德格尔和让-保罗·萨特，而且还影响了不少文学家，比如亨里克·易卜生和奥古斯特·斯特林堡。

三、马丁·海德格尔

马丁·海德格尔（1889～1976）是德国哲学家，他的存在主义哲学影响了加缪、萨特和之后的许多现代哲学家。而他自己则受到克尔凯郭尔、尼采和前苏格拉底哲学的影响。在他的《存在与时间》里，他把关注的焦点从对意识的考察转向了只对"此在"①状态的经验。对存在的理解就是他的目标。抛开理论、推断、无聊的争论以及哲学思考，我们可以确定的唯一一件事就是我们自身的存在。因此，海德格尔被认为是 20 世纪第一位存在主义者，并影响了最著名的存在主义者让-保罗·萨特。

名人轶事

与尼采身后被贴上纳粹标签遭受毁谤不同，马丁·海德格尔名正言顺地得到了纳粹的头衔。他在 20 世纪 30 年代公然支持希特勒和纳粹。

海德格尔认为"存在"不是一种停滞的状态。存在总是在变化，这也是赫拉克利特的哲学观点。在海德格尔看来，这个混乱的世界带给我们的不仅仅只是焦虑。焦虑再往前一步就是"虚无主义"，这是一个令人沮丧的逻辑结论。海德格尔认为，这种不可救药的绝望和生命的无意义感是工业时代的产物。在工业时代，人变成了像旅鼠一样的机器人。他赞美古希腊人，因为他们拥有更为积极的"存在"观。而这种"存在"观几千年来被西方思想所抑制和收编。

这一理论不乏哲学上的狂妄傲慢。海德格尔指出，那些真正了解人生内情的人会对事物的本质和最终的命运感到焦虑和恐惧，并为此受折磨。人只有在经历了各种各样的美和丑的事物之后，才可称得上拥有了真实经验。那些温室里的花朵和毫无个性的芸芸众生，他们懵懵懂懂地度过一生，

---

① "此在"是海德格尔提出的一个哲学概念，其意思是"存在于此"，用来指称人的存在。海德格尔认为，人的存在是其他事物存在的先决条件，只有通过人的存在，其他事物才能得以显示自己，因此，人是体现了存在原本意义的存在物，为了指称人这样的存在者，海德格尔创造了"此在"这一词。

其拥有的必定是不真实的经验。海德格尔显然接受了苏格拉底的格言——未经审视的生活毫无价值——他把文明的"真"人置于无知的、"不真"的大众之上。

四、阿尔贝·加缪

20世纪存在主义者阿尔贝·加缪（1913~1960）是阿尔及利亚裔法国作家，诺贝尔文学奖得主。他成长于法属北非的贫民区，青年时期就怀抱着文学和戏剧的创作理想，对共产党有朴素的好感，后来他成了一名记者。

1. 生平

加缪十分同情阿尔及利亚的阿拉伯原住民，他们在殖民者的统治下遭受着苦难。加缪对此所做的报道令他失去了报社的工作。二战时他去了法国，积极投身于法国抵抗运动，与纳粹势力斗争。

加缪是公认的存在主义者，但是他和其他著名的存在主义者并不这样看。他对斯大林主义的批判惹怒了同辈法国思想家让－保罗·萨特和其他法国存在主义者。

1957年加缪获得了诺贝尔文学奖。1960年，他悲剧性地死于一场车祸。虽然他主要以小说等文学作品闻名于世，但正是这些虚构作品向读者展现了他的存在主义思想。不论彼时还是现在，在读小说戏剧与啃大部头哲学书之间，人们肯定都更愿意选择前者。

重要提示

阿尔贝·加缪和让－保罗·萨特是20世纪最为著名的两位存在主义者。这两个法国人都认为人要对自己的行为负责，自己的问题不应浪费时间去责怪社会或上帝（他们并不信仰），唯其如此，才可以在荒诞的世界中找到高贵、英勇甚至幸福。

2. 著述

小说《局外人》和哲学随笔《西绪福斯的神话》是加缪称之为"荒谬的循环"的组成部分。在加缪看来，世界是个无聊可笑的处所，存在毫无意义、荒谬不堪。这并不是说人生就是喧哗与骚动。加缪的叙述中没有华丽的辞藻和鲜艳的色彩。人们在麻木混乱的世界中寻找秩序，却只发现冷漠、绝望和通向孤独寂静的坟墓的无情旅途，甚至没有来生。

异化对加缪来说是标准。加缪的主人公在他们貌似凄凉的境况中奋力寻找一些快乐，这种努力最终采用的是接受现状这个古老的办法。他们接受了他们无法改变的事物。信神的人向他们的上帝求助来获得认同，而存在主义者则从自我非凡的人性闪光之处，从生命力量中（存在主义者决不会想要把这种生命力量称作灵魂）寻找认同。

加缪在 20 世纪前半段的两次大战间成长起来。他探求人生意义，尽管在那些日子里绝望和压抑笼罩着欧洲。因为不信上帝，加缪在不屈不挠的人类精神，以及那种在逆境中仍能茁壮成长的能力中寻求答案。

3. 西绪福斯的反抗

西绪福斯神话是一个古老的神话，讲述西诸福斯受诸神的惩罚把巨石推上山顶，但到山顶时巨石又会自动滚了下来的故事。他不得不一再重复这令人沮丧的过程，直到永远。加缪所写的这篇文章把西绪福斯神话看作是现代人类处境的一个隐喻。西绪福斯代表了加缪所谓的"荒谬英雄"。无尽的努力和精神消耗在一无所成的苦差事上，这也通常是当代人的困境，尤其是那些蓝领或白领劳动者。负重的野兽也干这样的差事，但它是无所谓快乐和痛苦的，因为它对其自身的困境毫无意识。人类则不同，是痛苦的，因为人类能认识到自己处于这种令人不快的困境之中。

加缪在这种命运中找到了安慰，甚至胜利。对加缪来说，安慰来自你知道自己是命运的主人。社会帮不了你，上帝并不存在，你只有你的精神品性可以依赖，据加缪所说，这就足够了。人不屈不挠的精神能忍耐经受一切，甚至是西绪福斯永不停歇的挣扎。

五、让－保罗·萨特

另一位 20 世纪法国存在主义者是让－保罗·萨特（1905～1980）。他是小说家和剧作家，同时还是大量哲学著作和政治评论的作者。像加缪一样，他也在第二次世界大战时积极参与法国抵抗运动。作为政治上的左派，他对苏联在冷战期间的活动交替地进行着批评或者赞美。当把诺贝尔文学奖颁发给他时，他拒绝了，这一点与加缪不同。

> ### 知识点击
>
> 如果你想大概了解一下存在主义哲学，又不想重读高中和大学的课程提纲中提到的那些必读书目的话，那么试着看看马丁·斯科塞斯 1976 年拍的经典电影《出租车司机》。这部电影营造了存在主义的氛围，它把纽约市置于一种失去光泽的美之中，从而呈现出一个存在主义的王国。

1. 承担责任

在《存在与虚无》中，萨特有着与加缪一样的观点。他认为，当人奋起反抗非人的社会，对自己的行为承担责任，并且不因自欺而陷于绝望，也不把自己的问题归罪于他人时，这时的人类就是处在了最佳状态。他强调，对于一个真正有活力的人来说，自立和顽强的个人主义是必不可少的。有意思的是，这一观点在他经常公开支持的苏联斯大林政府那里却没有得到重视。他的剧本和小说也反映了这种哲学。

萨特的后期哲学更加倾向于马克思主义。在后来的论文集《辩证理性批判》中，萨特从关注个人转向提倡人们联合起来影响社会变革的进程，倡导只有通过群体的力量才能获得个人的自由。这与他早期的信念已相去甚远，并且因为苏联斯大林政府并没有实现这种乌托邦理想，所以萨特又继续关注个人主义。

萨特论断说人类"命中注定是自由的"。他使用这样一种表述，其意在指出，自由既是福佑也是诅咒；既是责任，也是负担。不过就算是在存在主义者那看似悲观无望的世界中，你多少也会发现幸福和希望。

2.《禁闭》

小说和剧本形式的文学对一般大众常常会产生比哲学著作大得多的影响。如果能以一种更让人感兴趣的方式表达的话，哲学可以更容易地传播到思想开放的人那里。像加缪一样，萨特也是成功的剧作家和小说家，这些作品有效地把他的存在主义思想带进了生活之中。

《禁闭》对大多数人来说，包含有一段著名的对话和一个痛苦的真理。《禁闭》采用了"客厅戏剧"（流行于 20 世纪前半期）的形式，并把它作为他的存在主义信念的传达方式。一个贵族男性、一个女同性恋者和一个漂亮却愚蠢的女人同时被关进一个装饰考究的房间。他们都清楚自己已经死了，都身处地狱。同那些一个房间三个角色的戏剧的情况一样，这出剧中也有着大量的对话。

男人喜欢女同性恋者，但是她不喜欢他。女同性恋者喜欢另外一个女人，但是这个女人不喜欢她。愚笨无知的金发碧眼女人喜欢这个男人，但是他认为她毫无魅力。因而，这个男人就像任何一部戏的结尾常有的那样，发出了真切的评论："他人就是地狱！"

3. 罗昆丁的故事

《恶心》讲的是罗昆丁的故事，他是萨特自我的变体。萨特用日记体的方式叙述这个故事。罗昆丁基本上过着孤独的生活。他是作家，正在写一个历史人物的传记，不过他对这个历史人物没有什么兴趣。罗昆丁意识到他多次的"恶心"正是存在（生活的意义和他在宇宙中的位置等）在向他显现，小说的关键正是他在此刻得到的洞见。恐惧使你认识到自己完全是孤独的、独立的。就像我们常听到的那些陈词滥调——自由总是伴随着责任。社会虽然结构复杂，但却显得整齐有序，这对软弱者来说是逃避现实的慰藉，但这种有序毕竟只是幻象。在存在主义的剧作中，所有的东西都是混乱的。接受这种命运就意味着要"真实地"（萨特语）生活。只有勇敢的心灵才有勇气过上真实的生活，他们在官僚主义的、机械的和虚无的世界中英勇搏斗，以获得人的尊严。

第十六章

现代哲学和后现代哲学

20 世纪，分析哲学崛起。分析哲学与自然科学、语言学和逻辑学有着密切的关系。分析哲学家大都在学院中有教职，因此愤世嫉俗者说，一旦普遍真理被发现，这些人就得失业。但不管怎么说，分析哲学在 20 世纪是一种主流哲学。

一、贝特兰·罗素

贝特兰·罗素（1872～1970）是英国哲学家，曾获得过诺贝尔文学奖，是 20 世纪最有影响力的哲学家之一。在早年的研究生涯中，他把注意力都集中在了数学上。他的第一部代表作是《数学的原理》，在这部著作中，他力图使数学更易于为人所用。

罗素决心以科学的态度对待哲学，他的目标是通过客观逻辑审视哲学问题，进而解决重大的哲学命题。

1. 著述

罗素与他的老师哲学家、数学家阿尔弗雷德·诺斯·怀特海保持着长期的合作关系，《数学原理》[①]正是两人合作完成的。这是一部宏伟的巨著，它在逻辑与数学之间建立了内在联系。这部巨著被认为是一部天才之作。

在《哲学问题》中，罗素质疑了唯心主义哲学。唯心主义认为，现

[①]这部著作与上文提到的《数学的原理》书名非常相似，但并不是同一部著作。《数学的原理》由罗素独立完成，发表于1902年，《数学原理》则由罗素与怀特海合作完成，发表于1910～1913年。

实世界从根本上来说是非实在的，所有我们通过感官观察到的事物实际上都是由心灵创造出来的。罗素是一位实在论者，他认为这根本就是一派胡言。作为一名经验主义者，罗素相信，所有我们所知的必定是通过感官经验得来的。与客观主义者和经验主义者一样，罗素相信，外在世界是独立的实在，不管我们是否在观察或是思考它，它都是存在的。

名人轶事

罗素反对任何情况下的黩武主义和战争冲突。他活至98岁，相应地，他抗议了从一战到越战的所有重大冲突。罗素在二战期间站在了爱国的立场上，在冷战期间，他是一位坚定的反核武器活动家。

2. 政治活动

罗素对监禁并不陌生。他抗议核武器，结果在89岁高龄时被捕入狱；他抗议第一次世界大战，结果丢掉了在剑桥大学的教职，并被捕入狱。与当时的许多知识分子一样，罗素也对俄国革命和苏联的崛起感兴趣。不过与许多知识分子不同的是，罗素警惕地批评了那种大权在握的政府组织形式。关于怎样才是理想的社会，罗素有自己的看法，极权主义和高压政治并不符合他的观点。

3. 对基督教的攻击

罗素不仅是一位哲学家，还是一位教育家。他曾经在中国讲学，而在英国，他是比肯·希尔私立学校的校长。罗素曾与一些自视甚高的美国学者有过纷争，导致纷争的是他所写的《我的信仰》、《为什么我不是基督徒》和《婚姻与道德》这几部著作。罗素认为，哲学家们在这1000年来提出的关于上帝存在的"证明"充其量只是白费力气。他还说，不要忘了那些以上帝的名义实施的暴行，以及其他一些与基督教道德相关的有害影响。此外，罗素还主张性解放和性自由，并且直率地指出了资产阶级道德的伪善性和危害性。

4. 逻辑分析

　　就像流行歌星每隔一段时间就会变换造型一样，罗素也常常在各个哲学流派之间改换门庭。尽管如此，罗素却坚持认为自己的哲学是一以贯之的。确实，罗素自始至终都牢记自己是一位经验主义者。他极看重科学，认为科学是知识最好的来源。现实世界并不是理念的王国，它是真实的，并不为心灵所创造，而是为心灵所认识。

　　罗素试图创建一种他称之为逻辑分析的方法，即通过对具体命题进行分解，进而对其各个部分进行审视，以此获得对这一命题的认识和理解。这种方法也被称为"逻辑原子主义"。简单地说，这种理论认为世界是由事实构成的，类似于现实世界是由原子构成的。一个"命题"就是一类"原子"的集合。

　　在《论共相与殊相的关系》中，罗素声称，他终于可以利用逻辑分析，对困扰人们已久的亚里士多德共相问题做出定论。他能从逻辑上"证明"共相与殊相是能够共存的。当然，在奇妙的哲学世界里，是永远不会有"定论"的。

二、路德维希·约瑟夫·约翰·维特根斯坦

　　路德维希·约瑟夫·约翰·维特根斯坦（1889～1951）师从于贝特兰·罗素，他倡导分析哲学和语言哲学，是一位具有影响力的哲学家。1918年，他完成了《逻辑哲学论》，并认为这部著作"彻底解决"了所有的哲学问题。然而，维特根斯坦在其哲学生涯的后期却否定了自己在《逻辑哲学论》中的结论，并且写作了另一部在现代哲学史上具有重大影响的著作《哲学研究》。

1.《逻辑哲学论》

　　与罗素一样，维特根斯坦在《逻辑哲学论》中坚持认为，语言由命题构成，命题可以分解为更简单的次级命题，如此一直分解下去就可到达一些基本事实。与此类似，世界由无数的复杂事实构成，这些复杂事实可以分解再分解，直至到达某种原子事实。

　　世界是事实的总和——这就是维特根斯坦的观点。我们通过把事实转换为思想来理解事实，而思想在本质上就是根据事实造出的心理图像。思

想由语言表达，换句话说，思想由命题构成。在维特根斯坦的设想中，他要把语言浓缩为所谓的"原子语句"，这种原子语句虽然毫无诗意，但却能成功地描绘我们所知的现实。

哲学大考场

哲学上的"后现代"一词是什么意思？

后现代哲学是当代哲学的基本形态。它涵盖了很大一部分哲学思想，但大部分后现代哲学家会否认他们属于这一哲学流派。"后现代"是对当代哲学的一种简易标记。

2. 思想的巨变

因为语言是事实的表达，因此语言本身是无意义的。那么，真正的逻辑语言也就不能表达美与爱这种主观的概念。维特根斯坦由此断定，《逻辑哲学论》这部巨著已经阐述了他在哲学上所要表达的所有内容，他在哲学上已无话可说。由此，维特根斯坦在哲学上就沉寂了10年之久，直到他携另一部巨著归来，而这一部著作基本上推翻了他早年的理论。

维特根斯坦认识到，逻辑分析是一门严谨的科学，而语言和现实世界却不能如数学那般严谨。他准备设计一种终极的逻辑语言，但他最终认识到这一计划不可能实现。这么多年来，他写的都是空话——既然它总归是无意义的，那何来要点呢？——不过当维特根斯坦创建新的哲学时，他的学生倒是作了详细的笔记。

最终，维特根斯坦完成了《哲学研究》，在这部著作中，他扩展了对语言的看法，认为词语不仅是命题的基础，而且是用来交流的工具。他进而还把语言看作是一种游戏，其中的许多参与者自己制定游戏规则。维特根斯坦因此不再想着要创造一种逻辑（注定是毫无结果的）语言了，他转而开始推崇语言的多样性。

三、米歇尔·福柯

米歇尔·福柯（1926～1984）是法国的后现代哲学家，他是近些年来对现代哲学影响最大的哲学家之一。福柯从许多方面来说都是一位哲学相对主义者。他的许多著作都揭示了"真理"是如何在历史中被改变的，从一个时代到另一个时代，从一种文化到另一种文化。黑白与否，对错与否，都要视当时精神领域中的当权者而定。他在经过研究之后宣称，在这1000年来，能称得上是完全真理的少之又少。福柯并不是西格蒙德·弗洛伊德和卡尔·马克思的追随者，对他有着重大影响的是马丁·海德格尔和尼采。

1. 论疯癫

福柯所著的第一部具有影响力的著作是《疯癫与文明》，在这部著作中，他以编年史的方式考察了西方社会几个世纪以来对精神病的看法的变化历程。疯癫曾一度被人们赋予神秘的内涵。疯癫者被认为是受到了神的保佑，或者至少他与神有着直接的联系。福柯认为，正是随着启蒙时代（他认为人们对于启蒙时代的评价过高了）的来临，才出现了后来所说的疯人院。他认为，设立这些疯人院的目的并不是要"照料精神病人"，其真正的目的是要把这些人关起来以便观察研究。福柯还坚持认为，创新精神与濒于疯癫只是一线之隔，许多"疯癫者"实际上是富有真知灼见的人，他们对这个社会持有不同的意见，不管是从行动上还是从精神上进行反抗，总之他们是毅然地表达了自己的不同意见。

2. 论人文科学

福柯的第二部代表作是《词与物》。这部著作正如其副标题所标示的，是"人文科学的考古学"。福柯所定义的人文科学是指历史、社会学和心理学。他再次提出，从一种文化到另一种文化，从一个时代到另一个时代，"知识"的意义全然不同。这其中，他特别重视的是过去文化中的符号与语言。

3. 论惩罚制度

福柯的另一部代表作是《监禁与惩罚》。正如他在《疯癫与文明》中考察了精神病治疗制度一样，福柯在这部具有影响力的著作中考察了历代以来的惩罚制度。他在提出了一系列的论据后指出，至少在西方世界，现代监狱制度中所运用的刑讯和身体折磨只是把摧残的重点从肉体转移到了心灵。严刑拷打作为惩罚方式仍然在世界大部分地区被广为运用，但在"文明"的欧洲和美国，它在很大程度上已被废止，至少它不再是为国家所认可的刑罚。

然而，人们大体上都承认，监狱并没有成功地"改造"犯人。事实上，监禁把人投入到了一种使人更容易养成犯罪习惯的环境中。犯人出狱后，更多的是再次犯罪，而不是转变为"向社会还了债"，准备并且愿意重新做人的公民。

4. 论他者化

福柯的另一重要思想就是他所说的"他者化"。他者化是人类本性的一部分，是人们经常会做而且将会继续做下去的一件事。他者化指的就是人们经常会注意并觉察到不同的人，无论这种不同是种族方面、政治方面、社会方面还是性别方面，或者，这种不同就是任何与你自身不同的地方。大体上，当人进行他者化时，他会认为自己是正常的，而其他人是不正常的。但别忘了，别人也在那边对你进行着他者化。

5. 论性

福柯哲学生涯的最后阶段是在对人类的"性"的宏观考察中度过的。他在这一方面完成了一个系列的 3 部著作：《性史·第一卷·介绍》、《快感的利用》和《自我的关怀》。颇具悲剧和讽刺意味的是，这项关于性的研究一直没能完成，因为艾滋病，福柯的生命戛然而止。

四、雅克·德里达

雅克·德里达（1930~2004）是另一位当代法国哲学家，他开创了解构主义这一哲学流派。所谓的解构就是指对某一事物（在德里达看来就是语言）进行拆解，以此显示出这一事物实际上天生就是错误的。

对语言的研究，即语言学，是德里达最拿手的研究领域。他认为语言是一种有缺陷的交流方式，读者不可能真正领会作者的真实意图，反之亦然。你也许会从所读的文本中得出与作者原意截然不同的意思，而作者甚至也可能完全不知道他所写字词所要表达的意思。

名人轶事

雅克·德里达虽然是一个著名的大哲学家，但他的求学经历却并不是一帆风顺的。1949年，他来到法国求学，但是他连续2年都没有考上法国高等师范学院。直到1952年，他第3次报考才终于被校方接受。而在第一个学期期末考试时，他的口语考试也未能及格。1956年，德里达从法国高等师范学院毕业后，到美国哈佛大学短期进修。此后，他发表的关于戏剧家阿尔托的文章令他失去了索邦大学的工作。虽然他已经成了一个世界闻名的哲学大师，但是因其思想一开始并不为传统思想所接受，他直到1980年才拿到了自己的博士学位。

在德里达看来，有限的文本可以生发出无限的阐释。对他来说，语言是一个流动的概念，很多时候它就像是一片怒海，其中对立的意义和多样的阐释波涛汹涌。而且戏谑成性的德里达还提出，他自己也难免要受到所有这些的影响。他那卷帙浩繁的著作如果经过解构，也将如其他所有人的著作那样，是有缺陷的，是虚伪的。

许多人认为，德里达就是20世纪的智者。在某些情况下，他就是玩语言游戏来使人气恼。他称传统哲学为"逻各斯中心主义"，对传统哲学嗤之以鼻。

第十七章

社会学和人类学

哲学发展到 20 世纪，逐渐延伸到社会学、人类学和心理学的领域。这些哲学分支更加直接地运用科学的方式，以研究自然世界的实践方法来研究社会、文化，探究人的复杂的思维方式。

一、社会学

社会学是一门研究人与人之间关系的学科，它试图理解人的家庭关系、社会关系、经济关系等人类生存的所有方面。最初，社会学以科学的态度，主要关注西方 19 世纪工业文明时期的社会现象。人类学是一门研究人的产生、发展的学科，在其形成之初，它主要关注与欧洲人密切相关的原始文化，尤其是原始社会的种种未开化状态。

人的本质属性是人的社会性。无论是在薄雾笼罩的雨林中生老病死的人，还是在纽约布朗克斯区用笔记本电脑撰写哲学书籍的人，他们在本质上都具有社会性（尽管这类人常常表现出远离尘嚣的倾向）。人，在通常情况下（当然还有极少数的例外），都希望与他人进行交流，寻找良师益友，享受浪漫爱情，建立个人事业，体验生活快乐。我们生活在家庭、公共机构、宗教组织等各种各样的形式下，并且给这些形式冠以一个总称——社会。我们如何与他人交流？人与人之间的关系将是一个永无止境的探索问题。从提出"人是万物的尺度"的古代哲学家，到静坐在公园长凳上观看他人、思考人性的人，再到创建系统学科、研究人类的更具科学思维方式的人，对于他们任何人来说，社会学都是一门非常有价值的、涵盖广泛的学科。

虽然在历史上，很多哲学家以研究人类以及人的处境为己任，但是

"社会学"这一名称最先是由法国哲学家奥古斯都·孔德于 1838 年提出的。孔德以科学家研究和调查自然世界的方法来探究人类生活的各个方面，他是公认的"现代社会学之父"。

卡尔·马克思、埃米尔·涂尔干、马克思·韦伯是 3 位最杰出的经典社会学家。他们的远见卓识给社会带来深刻的变化，直到今天，我们都能感受到他们的影响力。

二、卡尔·马克思

卡尔·马克思（1818~1883）是现代社会主义理论和共产主义理论的创始人。他在世的时候，或许并没有意识到自己的理论可以改变整个世界的面貌。作为一名哲学系毕业的学生，他与弗雷德里希·恩格斯合著了《共产党宣言》这部伟大的作品。他号召社会改革，号召人们与伴随工业革命而来的不公平现象进行彻底的抗争。他的这些言论，显而易见，与欧洲当时占统治地位的势力针锋相对。统治阶层不欢迎他，甚至将他驱逐出境。马克思后来到伦敦定居，完成了另一部同样震慑人心的巨著《资本论》。

名人轶事

1843 年 10 月的一天，普鲁士西部城市科隆出版的《莱茵报》上登出一则启事，招聘一位学识丰富的人当主编。招聘启事登出的当天，一个穿西装、满脸络腮胡子的人来到编辑部。他就是卡尔·马克思，看上去有四十来岁，显得很稳重。可是，当报社老板问他年龄时，得知马克思只有 25 岁，吃惊的脸上不免露出不信任的神情，说："马克思，虽然你给我们写过不少文章，质量也不错，可是你这么年轻，能担此重职吗？"但是，当报社老板知道马克思拥有博士学位时，态度马上转变了，笑着说："太抱歉了，请你原谅我刚才的失态。"接着，就拿出了聘书。聘请马克思担任《莱茵报》主编。

众所周知，卡尔·马克思是历史上最具争议的人物之一。关于他以及他遗留下来的精神财富，有些人尊崇不已，有些人恶语相向。虽然马克思预言社会革命最先会在生产力发达的英国出现，实际情况却是，苏联于1917年爆发了社会主义革命，随后成立了苏维埃社会主义共和国联盟，将马克思主义付诸实践。

马克思认为，社会经济关系是最基本、最主要的社会关系；资产阶级和无产阶级是两大直接对立的阶级，它们之间的矛盾不可避免。这就是所谓的"社会冲突理论"。

"宗教是人民的鸦片"，这是马克思的一句经典言论。显而易见，马克思并不是信仰宗教之人。事实上，在他看来，宗教麻痹广大的人民群众，让人甘愿做善男信女，对统治阶级的压迫和剥削不作任何反抗，将拯救的希望寄托于死后的彼岸世界。宗教的这种麻醉作用只会巩固统治阶级的压迫，加深人民的苦难。

马克思是一位共产主义者，也是坚定的唯物论者。他认为，人类的生产活动是最基本的实践活动。工人受资本家的雇佣进行生产活动，客观上造成了大家对工人劳动的轻视。这只会导致异化、矛盾，最终演变成革命。

马克思纵观世界，指出绝大多数的社会成员辛勤工作，却只能得到微薄的回报，他们的劳动成果被极少数的统治阶级无偿占有。这种不公正的现象虽然在资本主义社会里根深蒂固，却不会永远不发生变化，它最终将遭到人民的质疑，工人阶级必定会通过革命的途径来反抗资产阶级统治者，建立共产主义理想社会，实现全人类的自由。

马克思所处的时代充满了压迫和剥削，他渴望为了全人类的利益而奋斗，建立每个人都能全面而自由发展的和谐社会。

三、马克思·韦伯

马克思·韦伯（1864～1920）与卡尔·马克思几乎处于同一时代，也是一位影响深远的德国社会学家，对资本主义制度有着强烈的不满。他细致地考察了西方资本主义的产生和发展（而非世界其他地区），认为新

重要提示

马克思·韦伯是一位德国思想家，他跟卡尔·马克思一样，对资本主义进行了批判。在马克思·韦伯看来，资本主义的兴起有赖于新教的发展。新教，即加尔文教，把世俗生活升华为高度的宗教意识，强调勤俭节约的作风，促进了资本主义精神的萌芽和发展。

教伦理哺育了资本主义精神。

新教，即加尔文教（以它的创立者神学家约翰·加尔文命名），最典型的特征就在于它的"预定论"。这种教义宣称，人在出生前就已经被上帝判决了命运，他今后能否得到救赎，是上天堂还是下地狱，都由永恒的天命决定，跟今生的善恶无关。尽管如此，加尔文教徒并没有因此放纵自己的欲望，相反，他们勤俭节约，竭尽所能取悦上帝。他们相信自己就是上帝的选民，缺乏自信只是信仰不足的表现。他们持之以恒地辛勤工作、积累财富，用一生的善行来增添上帝的荣耀，因为上帝不会选择一事无成的人作为选民。由此看来，加尔文教徒的辛勤劳动、勤俭节约并非为了满足他人的利益，而是为了满足自己的意愿。

卡尔·马克思认为，物质决定意识，经济因素左右人的思想观念，而韦伯的看法正好相反，他认为特定的思想观念哺育特定的经济体系。卡尔·马克思用阶级矛盾和最终的阶级斗争来形容社会不同利益集团之间的关系，韦伯用的词却是"社会分层"。

韦伯还考察过欧洲官僚体制的产生（实际上，韦伯对官僚体制非常认可），他认为官僚体制是 19 世纪欧洲工业社会理想的职能系统。他赞同日常活动的规范性，严格的等级制度，并且相信官僚体制能够最终化解不同阶级之间的矛盾。在官僚体制内升迁，原则上说必须仰赖于个人的品德和才能。平庸之人只能通过个人努力在等级内部适度地升迁，而不能凭借人事关系破坏升级制度。这种官僚体制，相对于其他的职能系统，的确更加合理。不过，韦伯自己也曾说到，一旦官僚体制在社会上扎根，它的规范和制度便很容易遭到破坏，那么，真正的官僚体制就很难按照理想模式运行下去。

知识点击

在《星际迷航之四：回到地球》中，麦考依医生说过这样一句话："人类在宇宙中的永恒价值，就是其官僚体制。"他对官僚体制深恶痛绝。虽然马克思·韦伯会同意这位杰出的医生所说的话，但是他并不认为官僚体制是一件坏事，相反，他推崇官僚体制。

四、埃米尔·涂尔干

埃米尔·涂尔干（1858～1917）是法国著名的社会学家，他将社会学与同样是新兴学科的人类学结合在一起，进行了广泛地研究。他还是"功能主义"思潮的创始人。这种思潮主张，每一个社会都有其独特的面貌，社会学家可以像科学家或者医生考察生命器官那样客观地对社会进行研究。

涂尔干指出，文化中存在着"集体意识"。某一文化的共同宗教信仰、共同道德评价和共同价值认可，对生活在这一文化中的成员有导向作用，尽管这些成员可能根本没有意识到它们。美国现代人都知道，人吃人是错误的行为。他们并不需要别人提示就会达成这样的共识，因为这种想法在他们的思维里早已根深蒂固了。但是，在这个世界上，有一些地区的文化不但认可人吃人的行为，而且认为人肉是非常不错的食料。这些文化同社会的主流文化格格不入，于是，社会学出现了某些分支，主要研究社会上的非主流文化和异端，比如犯罪学。不过，总体而言，绝大多数的社会成员都会遵从一定的"集体意识"，与大家保持一致。

此外，涂尔干和他的追随者们还致力于"田野作业"。"田野作业"这一术语通常指研究者走出教室或者实验室等可控环境，到田野调查研究的方法。涂尔干和他的追随者们在这种方法的指引下，对一些仍然保持原始社会生活模式的民族进行了细致考察。他们的研究是近代人类学的重要组成部分。

五、人类学

人类学作为一门独立的学科，是近代才形成的，但是有关人类学的知识资料则发源很早。随着人类组建社会，形成自己的文化，有一些人就开始观察自己所在的以及周边的社会，并且做出比较和评价。

那些敢于涉足前人没有去过

知识点击

人类学主要有 3 个研究方向：社会、文化以及人类自身的发展。一群野蛮人生活在一起，他们组成的群体可以称为社会，而现代人相互间的交往则构成了我们通常所说的文化，两种群体之间存在着很多相似点。

的地方的人往往能够在旅途中有非同寻常的发现，他们很有可能遇到另一个社会，另一种文明。从古代从事航海事业的水手开始，到中世纪的旅行家马可·波罗，再到文艺复兴时期的航海家克里斯托弗·哥伦布以及追随他共同发现新大陆的船员，他们这些外出探险的人，只要有新的发现，只要对他们旅行中的所见所闻进行记载，那么就是广义上的人类学家了。

当然，现代人类学已经发展为一门体系更加完善的学科，它运用一整套经过实验证明的有效方法，考察人类多种多样的文化和观念，试图理解不同文明之间的相异点，以及其中表现出来的诸多令人意想不到的相似点，以便更好地了解人类自身。

人类学主要有3个研究方向：社会、文化以及人类自身的发展。社会和文化经常交织在一起，是一对可以互换的概念。不过，从严格意义上来说，文化是较为复杂的社会中所呈现的关系和行为模式。

1. 种族中心主义

查尔斯·达尔文是著名的进化论奠基人，他的那部闻名遐迩的著作《物种起源》发表于1859年。在这本书中，达尔文用大量的事实证明了生物变异的普遍性、变异与遗传的关系，提出了生存竞争和自然选择学说，系统地论述了物种形成的机制。英国哲学家赫伯特·斯宾塞深受他的影响，并将进化论运用于人类研究，提出了"适者生存"学说。"适者生存"学说常常被其拥护者用来为殖民主义和欧洲种族优越主义正名。

> **知识点击**
>
> 人类学家常常通过研究我们的灵长目动物远亲（人类属于灵长目动物，我们的多毛同胞包括猿和猴子），以此来推断远古人类的种种状况。人类同其他灵长目动物相比，存在着很多相似点，而具有的特殊性则恰恰促使人类从灵长目动物中分离出来，进化成我们如今的模样。

人类学在以往研究过程中的这种错误倾向就是通常所说的种族中心主义。顾名思义，种族中心主义指一定社会的人们倾向于以自身的标准来对待其他社会，并且认为自己所在的社会更加优越。当一位19世纪的欧洲人类学家面对波利尼西亚的土著部落的时候，他往往会认为他们落后于自己的社会，因而他的种种发现必定充满了文化偏见。在种族中心主义者眼中，文明是工业时代的象征，那些自由自在地生活在太平洋海滩上的土著人肯定不会有什么值得借鉴的地方。

种族中心主义作为人类学研究的其中一种倾向，流行过很长一段时间。它助长了欧洲民族盲目自大的优越意识，并且成为他们大量罪行的借口。

2. 文化相对主义

弗朗兹·博厄斯是一位影响极大的美国人类学家，他试图提高人类学的地位，使人类学成为受人尊重的一门学科。他非常推崇田野作业，为了研究某一种文明，会长期居住在这一文明的人群中，并进行细致的考察。对于前人的种族中心主义，博厄斯持反对的态度。他还培养了整整一代的人类学家，对人类学的发展做出了重要贡献。他的研究实践正是文化相对主义的绝好注解。

当代人类学家对纯粹理论分析的弊端和以往人类学家的种族偏见有充分的认识，他们在研究过程中，尽量做到不对别人的文化进行评判。在美国艾奥瓦州的首府得梅因行得通的事情，或许在南美洲亚马孙河流域就显得怪异，但这并不意味着两种文化存在着孰优孰劣的区别。现代人类学认可文化间的差异，你可以对不同文化进行比较，但千万不要妄加判断。

哲学大考场

什么是文化相对主义?

文化相对主义的核心是尊重差别并要求相互尊重的一种社会训练，它强调多种生活方式的价值，这种强调以寻求理解与和谐共处为目的，而不去批判甚至摧毁那些与自己原有文化不相吻合的东西。简单点说就是承认并尊重不同的文化，并在平等的基础上交流。

第十八章

心理学

心理学是一门系统地研究心理过程及其对人类行为的影响的学科。心理学这个词汇有一个希腊语词根 psyche，其意思是"灵魂"、"逻各斯"和"字词"。在古时候，人们往往认为"心智"和"灵魂"是一回事。

一、心理学溯源

虽然心理学是一门近代才开始确立的年轻学科，但它也是一门古老的学问。我们可以追溯到古希腊的哲学家，看看他们是如何理解心理现象的。柏拉图在《理想国》中有一个"洞穴神话"：有一群人世世代代住在一个不见天日的洞穴里，只能看到被投射到对面墙壁上的各种影像。他们对此习以为常，从来没有想过要挣脱锁链，移动脚步，转过头来看看背后的真实情况。这个洞穴神话，也可以说是潜意识的一种隐喻。我们的意识本身就像是冰山的一角，是我们全部的精神活动中极其微小的部分。

自古以来，哲学家和医学者就已经试图去解释精神失常的现象。最早的解释，往往将精神失常归咎于恶魔和其他超自然的力量。后来，一些思想家开始从生理因素入手，解释精神上的疾病。柏拉图和苏格拉底认为，当人被其动物属性主导、失去理性的时候，人的精神就会失常。两位哲学大师对精神病的理解，可以说是 20 世纪"本我"和"阴影"这两个概念的前身。古希腊名医盖伦曾经得出结论，指出人体内 4 种液体（血液、黑胆汁、黄胆汁、黏液）的构成比例不同导致了人的心理特点或者说气质的不同。当这 4 种液体的构成比例失衡的时候，人就患了精神疾病。

至 19 世纪晚期，心理学终于脱离了其他学科，成为一门独立的学科。西格蒙德·弗洛伊德也许是这门年轻的学科中最闻名遐迩的精神病理学家了。

二、西格蒙德·弗洛伊德

西格蒙德·弗洛伊德（1856~1939）是 20 世纪声名远扬、影响极大的心理学家，即使那些对心理学不甚了解的人，或者对潜意识理论一知半解的人，也会知道弗洛伊德这个人。他们或许听说过"弗洛伊德式的错误"，或许对"俄狄浦斯情结"有简单的认识，甚至像"自我"、"本我"这样的术语或许都已经融入他们的本国语言之中。大多数人都知道弗洛伊德的一句话——"有时候，雪茄仅仅是支雪茄而已"，但并不是每一个人都了解这句名言的内涵。心理学家在大家心目中的形象，往往也是蓄着胡子、戴着眼镜的学者形象，甚至可能还操着德国口音慢条斯理地讲着话，张嘴闭嘴都是心理分析的术语。诋毁弗洛伊德的人很多，推崇弗洛伊德的人也很多。弗洛伊德心理学曾经盛极一时，也有遭遇冷落的时候，但不管怎么样，弗洛伊德本人都是探索人的心理以及行为动机的先驱人物。

1. 精神分析学

19 世纪后期以及 20 世纪早期，弗洛伊德主要在奥地利维也纳地区从事医学研究工作。他是科班出身的神经科医师，接触了不少病人，其中有一些病人虽然自称身体微恙，但经过细致检查之后，并没有发现任何身体上的病因。弗洛伊德称这是一种心身疾病，换言之，就是以心理因素为主因并与情绪有关的躯体性疾病。患这种疾病的人只要找到构成心身疾病的心理根源，并且加以疏解，就能很好地控制身体上的病症。治疗心身疾病的方法通常是催眠，或者仅仅是谈话而已。这样一来，精神分析学应运而生，并且成为 20 世纪最有影响力的心理学分支。

弗洛伊德对潜意识理论有着非常浓厚的兴趣。他把人的心理活动比喻为一座海洋中的冰山，在他看来，意识只不过是露出水面的冰山之巅，而在海水里还有冰山的主体部分，这便是潜意识。潜意识是人在清醒状态下无法清楚体验的心理活动，它在不知不觉中影响着我们的思维和行为。为什么一位妇女时不时地破坏自己的人际关系？为什么一位雇佣文人在交稿期限将近的时候会患上心理阻滞的毛病？为什么一位男士在参加大型演讲的前夜得了咽喉炎？为什么有些人做的事情看起来毫无意义，甚至有些自找麻烦的倾向？关于这些现象，弗洛伊德认为，都是潜意识在起作用。

在弗洛伊德看来，潜意识是一些在不知不觉的潜在境界里发生的心理活动。它们在本质上是潜伏着的原始冲动和本能欲望，因为不符合社会道德规范和行为准则而被个人排斥或压抑，无法进入意识的层面。潜意识虽然受到压制，但它们并没有被消灭。就像问题没有得到解决之前仍然是问题一样，被压制的潜意识也不会自行消散，它们仍然不自觉地积极活动着，寻找自我满足的方法和途径。通常情况下，潜意识深深埋藏在人的内心，只有当人处于松懈的状态下，才会突破意识的束缚，让人看到被压抑的自我，甚至是令人尴尬的自我。当然，潜意识往往会在为社会所认可的情况下浮现出来，寻找发泄，这样个人才能维持正常的心理状态。

弗洛伊德精神分析治疗主要采取两个方法：梦的分析和自由联想。

人即使处于睡眠的状态，他的心理活动也不会停止。梦，以象征的形式，或清晰，或晦涩地告诉我们一些信息。按照弗洛伊德的说法，梦就像一出戏剧，一段离奇的影像，我们可以通过它找到隐藏在内心深处的东西。为了释梦，患者需要向医生和盘托出梦的内容。弗洛伊德曾经说过，"每一个梦都是一个愿望"。换言之，我们大多数人都会有一些不为人知的离奇愿望。

另一种精神分析疗法是自由联想。精神分析者分析自由联想，其目的也是为了发现患者的潜意识。在治疗过程中，患者躺在舒适的躺椅上，自由自在地述说联想到的内容，可以是一些记忆片段，一些幻想，或者是日常生活的点滴，也或者是一些怨恨的事情。对于精神分析者来说，要想从患者漫无边际的谈话中梳理出潜意识内容，就必须充分重视所有的谈话内容。

2. 俄狄浦斯情结

俄狄浦斯情结也是弗洛伊德非常著名的心理学理论。俄狄浦斯是古希腊戏剧家索福克勒斯的悲剧《俄狄浦斯王》中的人物。这部戏剧讲了国王俄狄浦斯在一系列巧合中杀父娶母的故事。在知道了事情的真相后，惊惶不安的俄狄浦斯王为了赎罪，自残双目。

弗洛伊德认为，每个男孩都会经历敌视父亲、依恋母亲的阶段，即俄狄浦斯情结。男孩会不自觉地亲母反父，希望自己能够取代父亲，光明正大地拥有母亲。他们处在爱与恨的漩涡之中，被嫉妒、欲望、迷惑以及愤怒充塞了头脑。心智健全的男孩最终会克服俄狄浦斯情结，但有一些男孩却摆脱不了俄狄浦斯情结的阴影。除非他们得到治疗，否则这种潜存的情结会一直跟随他们，造成心理障碍，影响日常生活。

重要提示

西格蒙德·弗洛伊德是近代心理学的奠基人之一。虽然他曾经盛极一时，也遭到过冷遇，但他的潜意识理论、俄狄浦斯情结以及梦的解析仍然影响着广大心理学家和心理学爱好者。

作为 19 世纪欧洲的一位心理学家，弗洛伊德认为俄狄浦斯情结是一种普遍性的心理现象。其他的研究者则认为，俄狄浦斯情结并非放之四海而皆准，而且在很多文化中也没有俄狄浦斯这个原型人物。除了男孩的恋母情结以外，弗洛伊德认为，女孩也有与之相应的心理现象，即仇母恋父的情结。弗洛伊德本人并没有为这个情结命名，后人给它冠以伊莱克特拉情结这一名称。伊莱克特拉也是古希腊悲剧中的人物，她为了给父亲报仇，杀死了自己的母亲。

3. 人格

弗洛伊德认为人格由 3 个部分组成：

* 自我：自我是自己最能意识到的人格，也是外部世界可以看到的人格。它是人格中理性的、有意识的部分。

* 本我：本我基本上是潜意识的，是自己最原始的人格，包含了生存所需的基本欲望、冲动和生命力。一旦本我被放纵，各种违背社会道德规范和行为准则的事情就会不受控制。

* 超我：超我大致与所谓的"良知"相同，包含了被父母和社会长期灌输的道德判断和价值取向。

4. 弗洛伊德的贡献

弗洛伊德的精神分析学说对医学领域和心理学领域产生了巨大的影响，他生前就拥有很多的追随者。正所谓"青出于蓝而胜于蓝"，这些追随者消化吸收了弗洛伊德的研究成果，又在此基础上进行完善，提出了自己的观点。他们对弗洛伊德潜意识理论的大部分观点非常认同，但对于弗洛伊德对性的强调持保留意见。

三、卡尔·古斯塔夫·荣格

卡尔·古斯塔夫·荣格（1875～1961）是弗洛伊德追随者中最负盛名的一个。荣格在其医学实践中，运用了弗洛伊德的精神分析方法，而且也非常赞同弗洛伊德的潜意识观点，认为潜意识在人的生活中的作用非同小可。弗洛伊德曾经非常厚爱和器重荣格这个学生，将他视作自己的接班人，认为他可以把自己的心理学派发扬光大。

1. 分歧

在对待潜意识的本质这一问题上，荣格的观点最终与弗洛伊德截然相反。弗洛伊德强调性欲是潜意识的驱动力量，并且认为用性动力可以解释一切行为和动机，荣格却认为这样的理解过于褊狭。随着荣格的羽翼逐渐丰满，他不再相信弗洛伊德也不再接受弗洛伊德的权威，而弗洛伊德也被荣格的独立而深深刺伤，两人原本非常深厚的友谊逐渐出现裂痕，直至最终公开决裂。在决裂后的整整 3 年内，荣格就像一个被众人抛弃的流浪汉，经历了孤独混乱期，但随后就昂首行进在自己的心理学体系之中。

荣格晚年的时候，花了相当长一段时间进行前所未有的自我分析，然后把这些分析以自传的形式编写下来，命名为《回忆·梦·思考》。他说，这是一部"直面潜意识"的作品。荣格的心理学理论和他所创立的心理学分支便是这样一种向内性的精神之旅。他在心理学的学说中融入了神话、宗教、占星术、东方哲学、炼金术等内容，丰富了心理学的内涵。他晚年的著作充满了神秘主义的色彩，这也是他在"新世纪"哲学圈还如此受追捧的原因之一。20 世纪 30 年代，在希特勒登上德国政治舞台、纳粹主义到处肆虐的时候，荣格曾经将希特勒的出现诠释为德国精神的涌现，为此遭到广泛地谴责。虽然后来荣格认清了纳粹主义的危害，并且表明了自己的批判立场，但为时已晚，人们根本无法忘记他昔日的错误言论。

2. 集体无意识

当弗洛伊德用冰山做比喻，解释潜意识（我们心理活动和人格中的潜意识层面，就像水平面以下的冰山部分，它占整个冰山 90% 的体积）的时候，荣格给出了另一种比喻——在海洋中飘浮的软木塞。软木塞是我们的意识层面，海洋则是无意识层面。软木塞在波涛汹涌的海水里起伏不定，意识在无意识的漩涡里流动，要想把握真正的自我（这是我们唯一可以意识到的人格部分），就必须通过精神治疗法。这便是荣格的分析心理学。

荣格最著名的理论就是集体无意识理论。荣格将集体无意识的内容称为原始意象，即原型，这是人类所共有的关于符号、意象和记忆的心理积淀。它们是人类在种族进化过程中遗留下来的心理现象，不同的文化与文明之间多多少少都有同样的集体无意识。著名的神话学大师约瑟夫·坎贝尔非常推崇这一理论，并在其成名作《千面英雄》中运用了这一理论。坎贝尔在广泛地整理和比较不同文化、不同时期的神话的基础上，提出了"元神话"的概念。在坎贝尔看来，虽然不同文化、不同时期的具体的英雄神话千姿百态，但他们都有相同的原型，演绎了共同的英雄之旅。

荣格几乎把整个后半生都投入到有关原型的研究中，识别和描述了众多原型。对于大多数与他同时代的人来说，荣格的理论带有神秘主义的倾向。荣格认为，原型是人类祖先长期积淀的生活经历的产物，它作为一种"种族的记忆"被传承下来，存在于每个人的心中。从事科学研究的人多多少少会认为这样的表述过于诗化了。

3. 性别偏移

荣格提出，每个男性都在无意识中具有一定的女性性格倾向，与此相对应，每个女性也都有一定的男性性格倾向。他还将这种女性性格倾向和男性性格倾向分别命名为阿尼玛（女性意向）和阿尼姆斯（男性意向）。荣格认为，每个人在生理和心理上都具有性倾向性，在发育过程中，人向自己应该具备的那个性别倾向靠拢，才能保证心理健康。如果一个人的阿尼玛或者阿尼姆斯占据优势，那么这个人就很容易患上精神疾病。荣格的这个说法跟柏拉图的爱情观很相似。柏拉图说，人原本是雌雄同体的，每个人都天生具备两种性别，后来被上帝分割成了男人和女人。于是，我们每个人都是不完整的一半，寻寻觅觅属于自己的另一半，在结合中求得平衡、完整和永恒。荣格认为，人所要寻找的属于自己的另一半，其实就在自己的心中。有的人也许已经意识到自己的另一种性别倾向，

重要提示

"英雄之旅"这一原型的绝佳现代版是《星球大战》三部曲。导演乔治·卢卡斯承认约瑟夫·坎贝尔对自己和自己的创作具有重大的影响。《星球大战》系列之所以取得空前的成功，其中一个原因可能就在于它直接唤醒了集体无意识，在原型和无意识的层面上深深地吸引住了观众。

有的人则没有意识到。

荣格的这一理论在今天常常受到质疑。他说，当阿尼玛高度集中并占主导地位时，就能让男性变得女性化，容易情绪激动，多愁善感；而当阿尼姆斯占主导地位时，女性就变得男性化，非常专横冲动，令人讨厌。这显然是将性别刻板定型化了。

4. 阴影

荣格在弗洛伊德关于自我、超我、本我的人格理论的基础上，提出了自己的人格理论。在对自我的界定上，荣格跟弗洛伊德一样，都认为自我是自己能够意识到的人格部分。自我是漂浮在海洋中的软木塞，它的任务就是寻找荣格所谓的"个体化"，将心理活动中各种各样的因素进行整合，最终表现为一个自己。充分个体化的人是心智健康的楷模。

荣格将弗洛伊德的本我和超我概念重组，提出了相对应的阴影概念。阴影，简而言之，就是人的阴暗面，是人经过长期家庭教育和社会规范后隐匿在内心的欲望、冲动和某些特质。荣格认为，人往往倾向于在阴影中

设计和报复自己不喜欢的人。

你可以试想一下：是不是在某个瞬间，你会莫名其妙地讨厌一个人？然后，你扪心自问，发现那个人身上其实有某些自己的影子。正如你可以从与爱人的相处中发现自己不为人知的特质一样，你也可以从自己讨厌的邻居、同事等人的相处中看到自己的阴影。

荣格认为，阴影是现实世界中自我的补偿，因此，我们应该正视自己的阴影，而不应该过分压制它。阴影无法消除，你越想摆脱阴影，便越是时时刻刻看到自己的阴影。每个人都会有不光彩的阴影，正确的做法就是协调阴影，保持人格完整。

四、行为主义心理学

行为主义心理学是 20 世纪初起源于美国的一个心理学流派。该流派旗帜鲜明地反对弗洛伊德心理学体系。弗洛伊德在整理大量临床病例的基础上潜心研究无意识，并且把一切都归结为性，他的这种研究方法和理论体系遭到了行为主义学家的质疑。可以说，行为主义学家是心理学领域的怀疑主义者，他们强调心理学是一门科学，因此在研究方法上重实验、重观察，在研究题材上重视可观察记录的外显行为。

1. 约翰·华生

约翰·华生是行为主义心理学的创始人（注意，他可不是福尔摩斯那位叫华生的副手）。华生无意涉足无意识领域，他提出心理学应该是一门纯粹客观的自然科学，它的理论目标是对行为进行预测，甚至加以控制。他

还认为，人需要了解的任何东西都可以通过观测自行发现。华生原本是动物生理学家，后来转向心理学研究。在华生看来，人跟动物的行为模式非常相似，没有太大差别。

2. 布鲁斯·弗雷德里克·斯金纳

布鲁斯·弗雷德里克·斯金纳（1904～1990）是行为主义心理学最负盛名的代表人物。他认为，人的行为可以通过一系列的条件反射而发生变化。在他操作的众多条件反射实验中，最著名的是对老鼠的实验。斯金纳在实验箱（这个由斯金纳亲手设计的实验装置被命名为"斯金纳箱"）内放入一只老鼠，老鼠在箱内乱窜，偶尔按压了能掀动食物的横杆，就获得了食物。经过多次强化训练，老鼠便学会了踩杆取食。这就是"操作条件反射"。斯金纳的这个实验跟俄罗斯行为主义学家伊凡·巴甫洛夫的著名实验非常相似。巴甫洛夫用狗做实验，每次给狗喂食前，他都摇一下铃。过了一段时间，即使没有食物，狗听到铃声以后也会分泌唾液，准备进食。

斯金纳以及他的追随者们相信，对动物进行的这种实验同样可以运用到人的身上。他们做了很多类似的实验，试图改变人的行为。最终，他们得出结论，人的行为虽然比动物复杂得多，但在操作条件反射上，人跟动物的区别并不像一般人想象得那么大相径庭。斯金纳曾经以行为主义心理学为理论，出版过一本颇有争议的小说《瓦尔登第二》。他构建了一个乌托邦社会，在这个社会中，每个人都是从童年开始通过"正强化"训练塑造出来的完人。

五、人本主义心理学

卡尔·罗杰斯（1902～1987）和亚伯拉罕·马斯洛（1908～1970）是人本主义心理学的先驱人物。他们对精神分析学派和行为主义学派的窄化、偏颇非常不满，便与这两者分道扬镳，形成了心理学的第三思潮。在他们看来，心理学的任务是帮助人认识和实现自我的最大潜能。罗杰斯认为，每个人都天生具有"自我实现"的趋向，精神治疗的目的就在于帮助人实现这个过程。

重要提示

我们也许有不同的人格面具，但这并不意味着我们有多重性格。那么，特定的人格面具会在什么场合出现？我们应该了解自己的人格面具，并合理地加以利用。与此同时，我们还要明确，那些人格面具只是自我的一些侧面而已。

亚伯拉罕·马斯洛认为人类行为的心理驱动是人的需要，从生存需要开始，一直到自我实现需要，一共有 7 个层次。最低层次的需要是食物和居住，更高层次的需要是诸如安全、感情等的需要，最高层次的需要则是马斯洛强调的"自我实现"。马斯洛曾经说过一句非常有名的话："音乐家必须演奏音乐，画家必须绘画，诗人必须写诗，这样才会使他们感到最大的快乐。是什么样的角色就应该干什么样的事。"马斯洛也是最早采用"集体治疗"（治疗者让多名有相近问题的患者相处在一起，以共同参与的形式进行治疗）方法的人之一。

六、其他心理学家

弗洛伊德和荣格是 20 世纪最负盛名的两位心理学家。当然，心理学领域并非只有他们两位出色的心理学家。在以下部分，将简单介绍其他重要的心理学家。

1. 阿尔弗雷德·阿德勒

阿尔弗雷德·阿德勒（1870~1937）也是弗洛伊德的学生。他从这位心理学大师那儿学到了很多东西，但是，就像其他一些学生一样，他对弗洛伊德的性欲观点不太认同。阿德勒认为，与其说是性欲，不如说是自卑感，驱动着人的潜意识。因此，我们肯定地说，"自卑情结"的概念是阿德勒提出来的。每个人都会有一定的自卑感，它促使人不断努力，补偿不足，克服缺陷，达到完美。阿德勒还潜心研究家庭动力，并撰写相关文章，他认为一个人在家中的出生顺序和排位将影响这个人的个体发展。他在组织精神治疗的时候，并不喜欢像弗洛伊德那样，让病人躺在睡椅上，而是让患者与自己面对面坐着。在这种治疗形式下，治疗医师不再是权威的形象，他与患者的关系是平等的。

2. 威廉·詹姆斯

威廉·詹姆斯（1842～1909）是美国心理学之父，也是小说家亨利·詹姆斯的兄弟。他的两卷本著作《心理学原理》是心理学的奠基性作品，影响了整整一代美国心理学家。他的研究方法是机能主义，他指出，心理学的重要任务是研究意识活动的作用。这就需要在一定长度的时间内，对选取的对象进行观察和实验，也就是所谓的纵向研究。詹姆斯还深受达尔文的进化论影响。事实上，正是通过詹姆斯的努力，心理学才从哲学领域独立出来，走向实验室，进行科学研究。詹姆斯出版了不少著作，其中一本叫《宗教经验之种种》的书，直接影响了嗜酒者互戒会（1935年成立于美国俄亥俄州，总部设在纽约）的创立者。

3. 让·皮亚杰

让·皮亚杰（1896～1980）是著名的瑞士心理学家，因研究儿童智力和认识发展而闻名于世。皮亚杰花了多年时间与儿童接触，调查了成千上万的儿童，最终形成了一套有关儿童认知发展过程的理论。他将儿童认知的发展分为4个阶段：

＊ 感知运动阶段，从出生到2岁。在这一阶段，婴儿仅靠感觉和知觉动作的手段来认识外部世界。

＊ 前运演阶段，从2岁到7岁。在这一阶段，儿童借助语言替代外部世界，重视外部活动和交流。

＊ 具体运演阶段，从7岁到11岁。在这一阶段，儿童能够进行运算和理解复杂概念等活动。

＊ 形式运演阶段，从12岁到15岁。在这一阶段，儿童的逻辑和理性思维能力逐渐形成。

第十九章

东方思想流派

　　哲学和宗教并非仅仅局限于西方世界。东方也有自己的思想和流派，比如著名的印度教、佛教的思想观点。当然，除此之外，东方还有其他重要的思想流派和哲学精神。

一、印度教

　　印度教是印度最重要的宗教。"印度"一词源于古代梵语，意为"印度河"。目前，印度教拥有大约7亿的信徒，是世界主要宗教之一。

　　印度教是一个强调修行的宗教，宗教仪式繁多复杂，并且认为信徒必须掌握规范的修行法门，方能与梵合一，脱离轮回。信徒们都相信自己就是宗教的重要组成人员，有很强的参与意识。随着历史

> **知识点击**
>
> 　　印度教严格遵守种姓制度，即人分为从高贵到低贱的 4 个等级：婆罗门、刹帝利、吠舍和首陀罗。各种姓之间界限分明，无法变更，也就是说，你出生在哪个社会等级，你便永远属于那个等级。此外，种姓之间不得往来。最底层的阶级是无种姓者，即人们通常所说的"不可接触者"。

不断地前进，印度教也演化出不同的教派，各派的修行法门也不尽相同。

1. 基本教义

　　作为宗教，印度教自然也有一些基本教义，比如强调轮回转世、素食主义和牛崇拜。美国人和欧洲人到印度旅游的时候，常常会惊讶地看到，那些牛自由自在、无忧无虑地到处溜达，而有些人却饿倒在街角。

2. 印度教诸神

印度教是多神教，信奉的神不止一个。印度教信奉的两大主神是湿婆和毗湿奴，最高女神则是湿婆的配偶提毗（她有很多名称和化身，其中一个化身叫作黛维），此外，还有成百上千的次要神。

湿婆是一个属性复杂的神。他既作为苦行之神被崇拜，杜绝一切物质享受，又作为纵欲之神被崇拜，是男性生殖能力的象征。这种复杂性还体现在他的经历上。他杀死了自己的父亲梵天（世间万物的创造者），却被迫将父亲的头骨终身带在身边。湿婆杀父的故事跟希腊神话中宙斯杀父非常类似。

毗湿奴是印度教的主要神。他的肚脐上生出千瓣莲花，莲花开放的时候，梵天（湿婆的父亲）降生，端坐于莲花之上。毗湿奴从诞生之日起就有很多形象，这些形象被称为他的化身。

知识点击

对于印度教中的单身女神，你可要当心了！印度教信徒往往根据传统，修建庙宇，供奉各个神。这些神，有的仁慈宽厚，有的则凶残恐怖。在众多女神中，单身的女神比较可怕。她们大多性情瞬息万变，容易情绪躁动。

最高女神提毗也有无数化身，其中一个著名化身便是伽梨女神。她消灭魔鬼拉克塔维拉（拉克塔维拉被视为无法消灭的魔鬼，因为他滴出的每一滴血都能产生一个新的拉克塔维拉），刺穿他的肚腹，饮干他的鲜血。胜利以后的伽梨女神戴上魔鬼的头骨和双手，在狂乱和兴奋中跳舞。提毗另一个著名的化身是杜尔迦女神，她类似于欧洲中古世纪骁勇善战的女英雄西娜的形象。

除了这些神，印度教还有一些相对来说仁慈温和的女神，比如拉克西米女神，她是美、幸运、财富的象征；恒河女神，她是生命之泉（印度河流恒河便是以她命名）；帕尔瓦蒂女神，她是喜马拉雅山的雪山女神等。

3. 印度教经典文献

《吠陀》是用梵文写成、被集合成 4 册的印度教圣典。《梨俱吠陀》是其中最古老的一册，被虔诚的印度教信徒传诵和学习了几千年。其他 3 册经典分别为《耶柔吠陀》、《裟摩吠陀》和《阿达婆吠陀》。

印度教另外两部重要的经典文献是《婆罗门书》和《奥义书》。《婆罗门书》用梵文书写，阐述了宗教仪式、目的、咒语等内容。对于广大西方人来说，《奥义书》可能是他们最为熟悉的印度教经典文献了，因为它很"新世纪"，听起来像是对生命的意义进行的神秘冥想。

印度教的经典文献中包含着对宇宙的独特认识。他们认为，宇宙是一个封闭的球体，世间万物围绕印度旋转，就仿佛是以印度为中心的一个个同心圆。事实上，印度教形成这种宇宙观念并不令人惊讶。在这个世界上，几乎所有的社会和文明都曾经认为本民族具有优越性，认为自己所在的地方就是宇宙的中心。印度教还相信，宇宙生命周期分为 4 个时期，从最开始的黄金时期克里达纪开始，到最后的卡里纪，情形每况愈下。最终，万事万物分崩离析，宇宙支柱倒坍，世界末日来临。随后，我们将迎来崭新的神话时代。

二、佛教

佛教的创立与印度一位叫乔达摩·悉达多（公元前 565~483）的王子的生活经历和传教行为密不可分。后世尊称他为释迦牟尼，即"释迦族的圣人"的意思。这个名字比他的本名流传更广。

释迦牟尼虽然自幼接受印度教教育，但他并非毫无选择地全盘接受，而是以批评的态度，通过个人的修行体验，提出了不少新的看法。比如，印度教奉行严格的种姓制度，佛教则提倡众生平等；印度教强调梵天大神的万能和通天势力，佛教则认为菩萨若没有通达缘起性空的般若智慧，仍为六道轮回转世的众生之一。此外，释迦牟尼还质疑了印度教的一些经典文献，形成了自己的宗教思想。

如前所说，释迦牟尼原本是个王子。自幼在一座与外界隔绝的宫殿中过着锦衣玉食、无忧无虑的生活。有一天，他出游，亲眼看见了宫殿外边贫苦大众的苦难和痛苦，深深为之震撼、惶恐和烦恼。作为统治阶级的一员，悉达多第一次真正接触严酷、悲惨的现实。他开始思索世间的残酷，人生的不幸，认为自己以往的奢华生活没有丝毫的幸福感和意义，最终决定弃宫室，离亲眷，摒弃欲念，潜心苦修。

1. 中道

释迦牟尼在经历了两种生活极端之后，形成了所谓的"中道"思想。他认为，既不过分放纵自己，也不过于自我节制，这才是通往幸福和开悟的不二法门。根据传说，释迦牟尼在苦修 6 年无果后，到一棵菩提树下，静坐冥观数日，终于豁然觉悟一切真理，证得诸法实相，完成了无上正觉。事实上，释迦牟尼的觉悟过程并非一帆风顺。正如耶稣在沙漠里修行的时候，抵御了 3 种诱惑一样。悉达多在觉悟之前，也有魔鬼前来引诱。据说，魔王分别以欲望、恐惧、社会责任来诱惑他，扰乱他的冥想，但他始终意志坚定，不为所动，最后战胜魔王，修成正果。此后，释迦牟尼终生说法传教，吸引了无数信徒。这些信徒不但虔诚皈依，还建筑寺院，献给佛陀。

2. 四圣谛

释迦牟尼跟耶稣一样，生前并没有留下任何文字。于是，信徒们根据记忆，记录了他的生平和思想。佛教具体的教义，也是信徒们数次结集，互相讨论的结果。

"四圣谛"是佛教的根本要义之一。

首先是"苦谛"。佛教认为，人的一生由各种苦恼贯穿，如同苦海泛舟。初出母胎和行将死亡都非常痛苦，其间又要遭遇诸如疾病、欲望、离别的折磨，还要经历人生不可避免的衰老过程，真是苦不堪言。没有人能够摆脱此生的痛苦，而且根据轮回转世之说，人死后还有六道轮回之苦，仍然无法得到片刻安宁。

其次是"集谛"。"集谛"回答了苦从何而来。佛教认为，人生的无量苦，其根源在于人不明事理，没有悟到真知。此外，人还饱受种种欲望和物质利益的诱惑，深陷在感官享乐的泥潭中，不能自拔。瞬间的满足并不能带来觉悟，相反，它们恰恰是通往觉悟的绊脚石。

接着是"灭谛"。"灭谛"相对乐观，说的是脱离苦海。佛教认为，人只要灭除一切物质追求和感官享乐，便可得到精神上的解脱，最终达到涅槃的境界。对于大多数佛教徒来说，禅定是修行的主要途径。但是，在这样一个物欲横流的现代社会，实践禅定确实太过艰难。你用鼠标乱点游戏的时候，怎么还能去禅定冥想？禅定需要高度的集中力和意志力。大多数人在电影院门前或者银行柜台前排队的时候，都会像热锅上的蚂蚁般躁动不安，更别说要他们独自盘腿端坐，凝神静气，静待某个时刻的到来了。

最后是"道谛"。"道谛"指通达涅槃的道路，佛教认为，通过"八正道"，人便可以脱离苦海，获得清净寂灭的境界。"八正道"内容如下：

＊ 正见，即对"四圣谛"有正确的理解，对自我和生命有正确的认识。

＊ 正思维，即远离邪妄贪欲，作真理智慧的思索，避免消极情绪，保持平和之心。

＊ 正语，即远离虚言、粗言恶语、闲言碎语等。

＊ 正业，即规范自己的行为，所作所为皆正当，不杀生，不犯错。

＊ 正命，现在是一种"新世纪"思想，教人在工作场所所要遵守的伦理道德；而在古时候，正命显得更为详细明确。佛教认为，"正命"不但意味着所从事的职业要正当，而且还要不违因果，远离以下行为或事物：战争物资、牲畜屠宰场 、贩卖奴隶、红酒和烈酒等可迷惑心智的东西和毒药。

＊ 正精进，即离恶向善，勇猛精进的努力。佛教认为，我们应该杜绝世间的一切恶行，不起恶念；同时，我们要促成世间的一切善行，只起善念。俗话说，事在人为。事情是要靠人去做的，从善如登，从恶如崩。不论修哪一正道，都必须具有勇往直前的大精进毅力，才能正觉。

＊ 正念，即始终保持清醒，心如朗月，对自己的身体、感觉、精神和思维有正确的认识。

＊ 正定，即修持禅定，系心一处，以达正觉。

在业报的认识上，佛教跟印度教一样，都认为业报是宇宙中平衡善恶的力量。如果哪一天你对自己的人生轨迹有疑问的话，不妨想想佛教的业报说。佛教认为，正是你的业报造就了你的今生，给了你这样的父母、这样的性别。今生源于前世，前世行善，今生得福；前世作恶，今生遭报。

3. 涅槃

历史上的释迦牟尼并没有否定印度教供奉的神　，只是没有给予太多关注。他认为，那些神　自为自在，我们没有必要惧怕或者信奉他们。他甚至认为，神　也不一定个个都达到了涅槃的境界，恰恰是人类最具有涅槃的潜力。和印度教相同，佛教修行的目标也是彻底断除一切俗世烦恼，超脱轮回转世的束缚，入"不生不灭"的永恒境界，即涅槃。

涅槃是佛教修行的最高境界。要达到涅槃的境界，修行者必须积德行善，慈悲为怀，空寂泰然。也就是说，修行者必须遵守佛教的清规戒律，严格执行"五戒"：不杀生、不偷盗、不邪淫、不妄语、不饮酒。这样的修行，不但可以为来生积福，并且最终引领我们走向开悟的境界，而且还可以戒护我们的心灵，免受"贪、癫、痴"三毒的侵扰。

任何人，只要诚心向佛，克己修行，都可能达到涅槃的境界。不过，那些选择入寺修行的人，机会往往会大一些。至于对那些在通往涅槃道路上毫无进展的人来说，他们只有先在精神上最终达到一定的高度，才有可能期望过上更好的生活。

4. 今日佛教

佛教的灵活性、适应性以及相对宽松的教条，都极好地推动了本身的流传。它在日本扎了根，又在西方世界赢得了广大信徒。

5. 禅宗

佛教在几千年的发展过程中，不断涌现出新的教派，其中流传最广的教派便是禅宗。禅宗起源于中国，后来流传到日本，是印度佛教和中国道教相结合的产物。

禅宗强调识心见性，以清净之心观世间万物，不妄念，不执着，也就是佛教讲的"无念"。它主张通过修习禅定的方法达到空寂之境，最后开悟。日本俳句（由 17 个音组成的短诗）便深受这种禅宗思想的影响。通过修习禅定，修习者可以"静心"、"自悟"，彻见本有"佛性"，也就是"开悟"。如此一来，佛教经文相对于修习禅定来说，就显得不那么重要了。

三、道家

道家不仅是中国主要的哲学流派，也是东方思想的重要组成部分，在西方越来越多地受到欢迎和追捧。"道"的字面含义是道路，在哲学范畴上，它具有天地万物生存、发展、变化、运动的自然规律以及法则的内涵。以格言、箴言形式出现的小册子《道德经》（《老子》），是道家的经典文献，作者是一位叫老子的哲学家。就像《新约》的《福音书》一样，《道德经》也非作者本人所写，而是追随者们在其死后将其观点精要编辑成书。

1. 老子

老子显然对语言文字充满怀疑，认为圣人之意无法言传，一旦用文字书写下来，便流于刻板、教条。道家则严格反对教条化，主张通过无目的、无拘束、无局限的自然状态洞悉"道"无名无形的微妙。然而，实际情况却是，你洞悉了"道"的时候，也是你对"道"具体化、形象化的时候。"道"原本神秘莫测，现在却变得可以琢磨。

老子的生平事迹，历史上虽然记载不多，但各种传说不断。其中一个传说认为，老子是流星降于人间。他的母亲梦流星入口而孕，怀胎整整 81 年，终于生下孩子。这孩子一出生便是满头白发的老人，聪慧过人。这个传说虽然不能说明什么，却反映了古代中国人对老子的尊敬之情。在人们心中，思想家老子和蔼可亲、见识卓越的老者

重要提示

禅宗佛教对文化有方方面面的影响，比如前面讲到的俳句，以及盆景艺术，都渗透着浓浓的禅意。你可以回忆一下，周围有没有人在桌前摆了盆景？它以植物、山石、沙土等为素材，经过艺术加工，成为大自然美的缩影。有些人不但在桌前摆设了盆景，还经常谨慎地用小耙子翻动泥土或用剪刀美化植物形状。当他们这么做的时候，很有可能是为了减轻心理压力，获得平和的心境，也就是禅的境界。

形象已经根深蒂固。他总是身披长袍，手持拐杖，四处游走，向路人诠释那些高深莫测的普遍道理。

还有一个传说认为，老子晚年的时候，见自己辛辛苦苦传"道"数十年，芸芸众生却不为所动，仍然执迷不悟，于是骑着一头青牛，毅然离开中原，一路向西行进，最后出了长城，直到去世都没有再回去。事实上，即使"老子"这个名字本身，也有诸多传说，既有"年老的人"的意思，也有"老相的孩子"的意思。这些传说和典故，给"道"蒙上了一层轻盈的薄纱。

2. 道家学说

道家认为，"道"是先天地而存在的宇宙本源，它无形而实存，无所不在，无时不在。无论天地万物如何变化，都要回到它的起点"道"。人只能够隐约地感觉到"道"的存在，却没有办法将它具体化、形象化。"道"是一种统治着宇宙的永恒而无形的力量。

"无为"是道家学说的精髓。我们不能简单地将"无为"理解成无所作为，拿它当作一事无成的挡箭牌。所以，"电视迷"可不要高兴得太早了——你们的懒惰可不是"无为"，离"道"还远着呢！道家认为，"无为"便是"道法自然"，不做任何违反自然规律、有损道德规范、违反社会法则、有害众生的事情。你必须涤除心中的任何偏见和先入为主的思想观念，不妄为，不乱为，否则就会适得其反。这就跟佛教常说的"静观"差不多，或者我们可以说，罗克赛合唱团的那首《倾听你心》也很好地表达了这个概念。道家主张通过"心斋"、"坐忘"等功法获得"虚静"心灵，进入逍遥自得的状态，达到与"道"合一的境界。然而，在这样一个尔虞我诈的社会环境里，要领悟"道"谈何容易啊。

哲学大考场

你是否有过"天人合一"的感觉？

当你独自一人在微风吹拂的海滩上漫步的时候，或者当你在原始森林里远足的时候，你也许会体验到一种平和清明的心境。如果真的有这样的经历的话，那么告诉你，你已体会到了不可捉摸的"道"。

3.《道德经》

《道德经》是道家的经典文献，就像《圣经》之于基督教。《道德经》的书写形式，像一首首用韵文写成的哲理诗，共分81章，仅5000余字，却对世界思想文化产生了深远的影响。在《道德经》中，老子运用了一连串日常生活中的相对事物来阐述"道"的内涵和宇宙内在的和谐。有与无相互对立而得以产生，难与易相互对立而得以形成，高与低相互对立而得以体现，长与短相互对立而得以存在，它们都互为条件。老子还认为，知足能够常乐，过多的欲望只会让人迷足深陷，不能自拔。

《道德经》中还有一句名言——"千里之行，始于足下。"换句话说，我们做任何事情，都要从小事做起，一步一步前进。人生其实可以如此简单。在如今这样一个物欲横流的社会，我们更要坚守这份简单，不要成为欲望的奴隶。当然，为了生存，有时候我们需要向现实妥协。但如果我们想要舒缓绷紧的心情，远离生活的压力的话，则可以试试凡事顺其自然。事实上，我们只要顺其自然，凡事不苛求，生活便会轻松和明朗起来，甚至还有可能大彻大悟，与"道"合一。

4.《孙子兵法》

《孙子兵法》是世界上最早的兵书，内含浓厚的道家哲学思想。它的作者是韬略过人的孙武，历史上对他的生平和事迹记载很少。一般认为，《孙子兵法》的成书年代在公元前5世纪到公元前3世纪之间，正是中国的春秋争霸时期。

《孙子兵法》问世以后，大受推崇，直到现在仍然被大家尊奉为"兵经"。西方社会对《孙子兵法》也非常重视，许多军事人员将它视做克敌制胜的武器。在美国大片《石破天惊》中，老牌影星肖恩·康纳利出演了一名英国特工约翰·梅森（这里的形象，类似于年老的詹姆斯·邦德）。影片开始的时候，梅森仍被美国政府非法监禁。当一位监狱长走进他的牢房，诱骗他执行危险任务的时候，我们看到他的架子上摆着两本书，一本是莎士比亚全集，另外一本就是《孙子兵法》。虽然这个镜头相当短暂，甚至转瞬即逝，但至少可以说明，我们的主人公在剧情进展的过程中，正是遵循了孙子的兵法思想才得以生存下去的。

如今，不仅军事人员学习《孙子兵法》，商业人士也奉之为宝典。事实上，亚洲现在的企业，有些类似于古代日本的封建家族，往往以日本商界的那句"商场如战场"为座右铭，非常重视拓展海外市场。许多日本企业家甚至把《孙子兵法》作为商场上的战略手册。中国企业家也以《孙子兵法》为商战指南。对于他们来说，《孙子兵法》

> **知识点击**
>
> "道"的字面含义是道路，在哲学范畴上，它具有天地万物生存、发展、变化、运动的自然规律以及法则的内涵。道教的圣典是以格言、箴言形式书写的小册子《道德经》（《老子》），作者是一位叫老子的思想家。道教认为，"道"是先天地而存在的宇宙本源，它无形而实存，无所不在，无时不在。它孕育了天地万物，也支配着天地万物。

无穷如天地，不竭如江河。他们将孙子精神贯彻到生活中的方方面面。

在电影《神秘人》中，一个叫斯芬克斯的超级英雄训练了一群蹩脚"英雄"。这些人头脑简单，纪律散漫，却又梦想着成为大英雄。斯芬克斯为了让他们变得聪明起来，就不断给他们灌输那些含义晦涩的陈词滥调，以及一些似是而非的隽语，比如这么一句——"在你学会控制你的情绪之前，你的情绪才是你的主人。"其中一位性格反复无常的"英雄"弗瑞斯先生，甚至养成了斯芬克斯的怪僻，从此也以搜集陈词滥调为乐。在这部影片中，隽语的使用只是为了达到喜剧效果，但是在东方文化中，大智慧也往往以隽语的形式出现。

《孙子兵法》也不例外。也许乍看起来，这些文字非常浅显直白，就像弗瑞斯先生认为斯芬克斯塞给他们的那些话很简单一般。但是，正是在这些文字中，蕴藏着中国古代先哲的深邃思想，其博大精深绝不是一朝一夕可以被参透的。

孙子认为，克敌制胜的最佳方法便是不发动战争，也就是"不战而屈人之兵"，这是《孙子兵法》中第一个，也是最重要的一个隽语。换言之，有谋略的军事家才是合格的军事家，他能够通过其他途径战胜自己的对手。战争只是万不得已之时的最后选择，如果事情发展到不通过战争便不能解决的地步，也只能说明发动战争的人谋略平庸。在孙子看来，那些不费一兵一卒就击败对手（就像在当今社会，各国往往通过政治、经济手腕谋取利益，而非发动战争）的人，就是天才军事家。

由此可见，《孙子兵法》在管理类、经济类书籍云集的今天仍然大受欢迎是不无道理的。只要你将《孙子兵法》中"战争"和"敌人"当成是一种比喻，那么，它便是一本指导你"如何决胜商界"的手册了。我们相信，就像它能够在古代战场中发挥重大作用一般，它在如今的商界同样能够大有作为。以下是部分注解过的《孙子兵法》。

真正的军事家（或者说企业家）所应遵循的原则：

* 易怒的对手，要用挑逗的办法激怒他，同时保持我方冷静。愤怒可以让对手失去理智。

* 鄙视我方的对手，要使其更加骄傲自大。

* 要攻其无备，出其不意。

* 降服对手是上策。

* 充分准备。

* 知己知彼。

* 不让对手知道我方的策略。

* 制定条例，奖惩分明。

* 善待士兵（下属），视为家人。只有这样，他们才会誓死效忠。

* 了解下属，知人善用。

* 随机应变。

* 全面了解对手。为了达到这一目的，甚至可以委派间谍，或者通过贿赂手段收买对方不得志之人，刺探敌情。

* 充分利用对手的过失。

* 警惕军心（办公室里的负面言论）不稳。

* 一言既出，驷马难追。

* 打破陈规。

* 先发制人。

你是不是觉得非常眼熟？的确，如果你曾经参加过商业培训的话，肯定会接触到上面这些原则。但是你要想想，孙子可是

重要提示

《孙子兵法》，这本教导古代军事、政治领导人使用谋略战术的书籍，而今却被广大商界人士奉为宝典。孙子的思想精髓在企业运行上仍然大有作为，毕竟日本商界人士始终相信这句名言——商场如战场。

在几千年前就提出了这些原则的。事实上，无论是进行商业谈判，还是管理企业内部，你都很有必要读读《孙子兵法》。以道家思想为基础的《孙子兵法》的确泽被后世。它并不像大部分东方著作那样高深莫测、晦涩难懂，并且充满了神秘主义色彩，相反，它深入浅出，实践性很强。

四、儒家

儒家是中国古代最有影响的学派。西方人通常认为儒生思想迂腐，性格刻板，就像以前电视里经常出现的儒生一般，拖长了声音，用蹩脚的英文说："子曰：'学而时习之'。"事实上，儒家思想云蒸霞蔚，博大精深。

1. 孔子

孔子（公元前551～前479）是儒家学说的创立人。他的祖先原本是贵族，后来逐渐没落，到孔子的时候，家境已经走向贫寒。孔子是一位周游列国的思想家，在周游的过程中，不断有慕名者追随其后，成为他的弟子。他便带着这些弟子继续周游，在实践中传道授业。孔子生活于动荡不安的春秋时代，他创立了以"仁"为核心的儒家学说，主张人与人之间、国与国之间都要遵循一定的伦理道德准则，其根本是"孝悌"。他强调以等级名分教化社会，就是一个很好的例子。在孔子看来，"君君、臣臣、父父、子子"的等级秩序是不能违背的，君主是天下的典范，其下是臣子，而处在等级秩序末端的则是平民百姓。孔子曾经入仕为官，将自己的学说付诸实践，并取得很好的成效。因为他的出色，那些相对平庸的政客只好俯首帖耳了。孔子晚年的时候，将主要精力放在教育以及文献整理上，通过教化民众，传扬世间真理，影响了世世代代的中国人。

孔子跟耶稣和释迦牟尼一样，生前并没有留下任何文字（看来伟大的精神领袖们都有这个倾向，他们将记录其言行和思想的任务都留给追随者们了），如今看到的孔子著作都是其弟子们结集整理而成。《论语》是最能反映孔子生活和思想的文献了。尽管有人将孔子视做大圣人，对其顶礼膜拜，但事实上，孔子并不是宗教领导人。他只是宣扬伦理道德的思想家，强调孝悌，包括孝敬长辈，忠君爱国。他还提出了"五常"之道，即"仁、义、礼、智、信"，这是为人处事的道德规范。

孔子以及他的追随者们所创立的儒家哲学体系，对亚洲的社会、政治、精神文化有着深远的影响。儒家学说成为中国的主要思想学派，然后流传到世界各国，越来越多的西方人为之着迷。

2. 儒家学说是入世的哲学

儒家并不是宗教组织。儒家学说是入世的哲学。在儒家学说流传的过程中，从来没有宗教性的教义、信徒、神职人员。孔子是一位伟大的思想家，绝不是神灵，也不是神使。虽然有些地方建筑了"孔庙"，但它只是作为交流场所而存在。孔子本人早就觉察到，人往往倾向于将伟大的领袖幻想成圣人、神灵，所以他曾经清楚地表明态度，无论在他生前还是死后，禁止任何人将他视为神灵。

3. 儒家的两个流派

在中国历史上，儒家曾经出现两个相互对立的流派，即以孟子为代表的流派和以荀子为代表的流派。孟子，传承了孔子的思想精髓，主张"人性本善"。孟子虽然认为"人性本善"，但也不否认人有变得邪恶的可能性。由于遗传和环境等因素的作用，一些人逐渐堕落，沦为邪恶之徒。孟子的这个看法，跟基督教的"原罪"观念恰恰相反。基督教认为，人类因为始祖犯罪而遗留了罪性与恶根，但是可以通过虔诚信仰基督而得到拯救。

另一个儒家流派以荀子为代表。荀子主张"人性本恶"，他的观点倒是与"原罪"观念类似。荀子认为，人在本性是邪恶的，但是可以通过道德教育、社会规范而得到教化。

4. 儒家与道家

儒家强调伦理道德，重视行为规范，讲究礼仪礼节，跟主张"道法自然"、自由自在、无拘无束的道家非常不同。据说,孔子年轻的时候,曾去拜见老子,后来留下一句话:"老子真是人中之龙啊!"在这里,龙的形象,跟西方文化中的龙完全不一样,你不要简单地认为孔子觉得老子是一个性情古怪、脾气暴躁的老头。事实上,在中国传统文化中,龙是一种乘风驾云、遨游苍穹、不受大地束缚的生命。所以,孔子是在赞美老子。

儒家重视人事,道家尊崇"天道";儒家讲求文饰,道家向往"自然";儒家强调个人对家族、国家的责任,道家醉心于个人的超脱。

5. 儒家的精神遗产

儒家学说在中国几千年的历史发展中,经历过各种批判、排斥和挑战,却一直绵延不绝。及至"五四"时期,儒家学说面临了空前的灾难。在一片反孔非儒的浪潮下,它的核心地位岌岌可危,甚至土崩瓦解。目前,虽然儒家学说不复昔日的辉煌,但是儒家的经典文献仍然是大家必读的书目。在这些古籍中,最有名的便是《易经》,意思是"变化之书"。当代西方人常常将《易经》视做一本算命的书,殊不知它是一本古老而神圣的书。用《易经》占卜的时候,你要先立卦,然后根据卦象到书上找解释,通常情况下,你都能得到准确的预测。

五、神道教

神道教是日本民族古老的宗教。在几千年的发展历程中,它不断融合外来的宗教教义和哲学思想,逐渐形成了自己的体系。神道教最初以自然崇拜为主,就跟古代希腊的神话传说差不多,视自然界各种物质和现象为神祇,比如太阳、月亮、气候以及其他能够影响人类生活的自然元素。纵观人类发展史,我们发现,早期人类在认识和解释宇宙万物的时候,确实倾向于将它们人格化(所谓人格化,就是赋予动物、植物、自然力等非人的事物以人的特性)。神道教虽然是宗教,却没有任何经典文献,也没有各种清规戒律或是教条教规。

1. 神道教与佛教

神道教作为日本民族的古老信仰，起先并没有名字。直到公元 6 世纪，才确定下"神道"这个名字。此时，佛教经由中国流传到了日本，儒家学说也以其独特的魅力在日本渐受欢迎，神道教面临重重危机。最后，佛教占了上风，一度取代神道教，成为日本上层社会支持的宗教。佛教僧侣甚至还占据了神道教的神宫，将它们转变成寺庙。及至 13 世纪，日本出现了融神道教与佛教真言宗为一体的两部神道，也称两部调和神道，或者真言神道。事实上，两部神道不仅吸收了佛教教义，还汲取了儒家学说的部分内容，应该说，它融合了佛教、神道和儒家学说为一体，其中占主导地位的是佛教教义。

2. 神道教的复兴

及至 18 世纪，神道教再度得势。神道教的复兴，跟日本的岛国民族心态有莫大的关系，他们对一切外来文化和事物有着根深蒂固的排斥和怀疑。新的神道教赋予日本天皇以神性，认为天皇的权力不可侵犯。这个策略，几乎所有东方的、西方的君主都运用过。按照新神道教的观点，毋庸置疑，他们也将本民族视做"选民"，认为他们有统治世界的天赋使命。正是基于这种宗教思想，日本长期奉行军国主义，推行侵略扩张政策，并且在第二次世界大战中猖獗至极。

他们统治世界的野心随着战争的失败而粉碎，神道教再度转型，这时一位美国人起到了重大作用，他就是道格拉斯·麦克阿瑟将军。麦克阿瑟将军有两句名言：一句是"我将重返"；另外一句是"老兵永远不死，他们只是凋零了"。他成为战后日本的统治者后，宣布废止国家神道，实行政教分离。神道教大致有两个系统，一个是国家神道，另一个是教派神道。美国占领军清楚地认识到，国家神道有极端的民族主义倾向，因而决定废止国家神道，让国家神道从日本的政治和教育领域消失，以免它继续蛊惑大众，生起事端。同时，日本天皇也被迫发布了"神格否定"的敕语。教派神道包括大大小小 13 个教派，它们在二战后得到保存，渗透在现代日本生活的各个方面。

第二十章

客观主义和正命哲学

近些年来，新的哲学思想层出不穷，这其中就包括客观主义和正命哲学。客观主义宣扬理性、个人主义和利己主义，正命哲学则来源于佛教。

一、客观主义

安·兰德（1905～1982）是一位美国小说家和哲学家，以小说《源泉》和《阿特拉斯耸耸肩》而闻名于世，她的哲学被称为客观主义。兰德把理性看得优于感性，她把个人主义置于集体主义之上，并且认为利己主义是好的，而利他主义则是负面的个性特征。毫无疑问，兰德的学说引起了诸多争议。

也许兰德提出这样一种哲学与她早年的生活环境有关。兰德的童年在俄国 1917 年十月革命的乱世中度过。1926 年，她来到美国寻找成功的机会。在美国，她可以自由表达她的思想观点而无须担心遭到迫害。事实上，她最初的两部小说《赞美诗》和《我们生者》都是以反面乌托邦的形式写就的劝诫故事。正如乌托邦一词的意思是完满的天堂，反面乌托邦指的就是一种相反的、压抑的、极权主义的情形。这种文学样式最为著名的典范就是乔治·奥威尔的《一九八四》。

兰德信奉终极的个人英雄主义，她认为，成就大事业，实现人的最大潜能就是人的目标所在，并且个人利益要取代集体利益。个人成功了，社会才能富强。在客观主义者的剧本

重要提示

客观主义是安·兰德提出的一种哲学，这种哲学重视并宣扬粗犷的个人主义和自由市场经济。无情（虽然还未达到残酷的程度）被认为是人类实现其自身最大潜能的手段。客观主义的四大理论支柱是客观现实、理性、利己和资本主义这四大信念。

里，没有失业救济和社会福利。

人是根本，客观主义者如是说。没有神，没有天使，也没有恶魔。亚里士多德传统中的第一推动者也不存在。人是最初的，也是最后的推动者，无须手于其他任何事物或是任何人。

1. 四大理论支柱

客观主义的四大理论支柱是"客观现实"、"理性"、"利己"和"资本主义"这四大信念。客观现实意指现实就是现实，它不依人的存在而存在。客观主义摒弃对感觉可靠性的哲学思索。认为现实并非由我们创造，现实也不是幻象。对于客观主义者来说，所谓的精神王国并不存在。客观主义主张无神论，人死了就是死了，人生完结了，仅此而已。

客观主义宣称：我们只用理性就可以理解这个世界，无须灵媒，也无须女性的直觉。理性驾驭一切。人没有灵魂，所谓的灵魂仅仅只是人的自觉意识。人不会遭到某种不受人控制的力量的玩弄。如果你是客观主义者，那么你就不能责怪父母、老师、国会议员、不当的便溺训练，你不能责怪除自己之外的任何事物。

理性、毅力、自尊是人类三种主要的品格。首要的伦理标准就是：生存。要为着你自己去生存，去建功立业，而不是为了改造这个世界，不是为了其他不幸的人而奋斗。追求自身的利益和自身的幸福是最纯净无害的。客观主义者无视那在寒冷街道上铃儿响叮当的圣诞老人，他们不相信所谓的"善有善报"。

乍听起来似乎很严酷无情，但客观主义者并没有把这种伦理标准推到黩武主义的程度。任何人都没有权力通过武力或暴力把自己的观点强加于他人。武力只有在自卫的情况下才被允许使用。人与人、国与国之间的交往应该如同自由市场上的商人和企业家那样。因此，客观主义理想中的政治诉求就是资本主义。他们极力鼓吹个人私有制，而对政府的干涉深恶痛绝。

2. 浪漫的现实主义作家

这样一种哲学会鼓励艺术吗？答案是肯定的。安·兰德称自己是浪漫的现实主义作家。在浪漫个性的驱使之下，她创造了一些理想的人物形象，并把这些人物放置在当时的情境中。兰德宣称，她的小说本意不在于说教，而在于艺术。然而，她是否已成功实现这一点尚有争议。

《源泉》讲述的是一位建筑师霍华德·洛奥克的故事。洛奥克是一位毫不妥协的建筑师，他坚持自己对建筑艺术的观点，不做丝毫的让步。他把诚实正直看得高于一切，绝不会因某人或某事而变更自己的观点。由于固执己见，洛奥克遭到诸多磨难，但他就像普罗米修斯一样默默承受了下来。因为有人干涉并篡改了他原先的设计，洛奥克炸掉了自己设计的建筑。他被告上法庭，于是他对陪审团做了一篇总结性的发言来为自己申辩，这篇发言颇为煽情，结果他得以无罪释放。这篇发言集中了客观主义者思想观点的精华。在《源泉》中，读者可以欣赏到那种粗犷的个人主义和客观主义式的个人奋斗。在小说中，主人公以庄重的语调宣称：有些人看到山峰并欣赏它的美，而他的眼睛看到的是构筑摩天大楼的石头；有些人看到繁密的森林会为大自然的雄伟而赞叹不已，而他则只看到这些都是建筑木料，看到它将会变成报纸。这其实有些过分了，因为按照这种逻辑，当我们在观光大提顿国家公园、黄石国家公园或热带雨林时，不是欣赏，不是科学考察，而是要按照《源泉》主人公那种观看方式才是正确和适当的方式。所以客观主义者确实是这样做的，他们中没有人是环保组织峰峦俱乐部的支持者。

《阿特拉斯耸耸肩》是安·兰德的另一部小说代表作。小说中的女主人公黛格尼·泰嘉特在男人的世界中艰难地努力运营着一条铁路。她遇到了各种阻挠着她实现发财致富的目标的人。在整部小说中，许多人物没有来由地问着一个令人困惑的问题："谁是约翰·加尔特？"这就像现今人们在谈话中经常会加入一个"无论如何"一样。这个问题终于在黛格尼·泰嘉特来到加尔特峡谷才大白天下。这个加尔特峡谷是一个客观主义者的公社，在这里，人们把兰德的理想付诸实践。

这两部小说都是畅销书，直到今天还有许多人在阅读。作为文学作品，这两部小说尚有需要完善的地方。微妙精细并非兰德所长，而且叙述对话都显得比较生硬。然而，绝不能小视这两部小说对20世纪哲学的影响。那些支持自由市场经济、资本主义、自由主义、个人主义、个人责任、自由放任和美国梦的人都会从这部沉甸甸的大部头中获取理论支持。

安·兰德在《阿特拉斯耸耸肩》之后就不再进行小说创作，不过她的哲学思考还在继续。她又发表了一部哲学通讯集，创作了一些散文作品，其中包括《自私的德行：新利己主义概论和客观主义认识论引论》。

二、正命哲学：做正确的事

"商业伦理"这个词自相矛盾吗？"商业"与"伦理"这两个概念互相排斥吗？如果你经历过商场上那种你死我活的激烈竞争，你就会产生出这些疑问。公司老板的无情和欺诈无疑已经使你极度憎恨。或者你也许只是这场比赛的新手，那么你会通过各种必要的手段来获取名次吗？

对于那些要在工作场所寻求礼让谦恭的人，那些力求活得有道德又要活得体面的人来说，当代这种称为"正命"的哲学正是他们所需要的。然而，我们之所以称正命哲学是现代哲学，只是因为它是用来指导现代生活的。就像几乎所有现代的或是流行一时的哲学一样，正命哲学也可以在古代找到它的根源。

1. 正命哲学的根源

"正命"一词首先出现在佛教中的八正道，所谓的八正道是古代东方的生活指南。佛教所倡导的生活目标是要在今生（或者说现世）中达到觉悟和觉醒。但商业世界并不是那种满是精神觉悟了的修行僧的世界。就算是商业世界中流行的指导制度——设计这种制度的初衷就是通过教授一些流行的和不言自明的陈词滥调来模仿古老的师生关系——其首要的目的也是赢利。如果被指导的学生没有在年底结算中增加赢利的话，那么指导者可能就要通过把他（她）推到失业边缘以示自己严厉的关怀。

显然，追随安·兰德的客观主义者将会把正命哲学的信徒看作是懦夫。"生意就是生意，生意就是战争。赢的人就是最优秀的，如果你输了，你就是失败者，只能退出竞争"，这是客观主义者对待商业世界的方式。正命哲学则完全不同，它倡导的是勤奋工作。

2. 关于正命

正命的意义多种多样。对于某些人来说，正命意味着在一个伦理道德"只听雷声响，不见雨点下"的世界中实践伦理德行。虽然这很难，但并非不可能。

正命的这种追求，意味着要更严格地坚守一些行为准则，但在现代的跨国公司里，这些行为准则几乎无法被严格遵守。

这种行为准则被称为"戒"，这一称呼来源于佛教中的八正道。戒分为 3 个层次，分别是正确的语言、正确的行为和正确的生活方式。如能付诸实施，上述规则将是人在生活中值得依靠的一些准则。

重要提示

正命是当代哲学的一种，起源于佛教的教诲，这种哲学认为，最好的职业是那些不牵涉撒谎、不忠或伤害他人（和这星球）的职业。虽然这一理想高尚无比，但在今天这个时代要把这一理想付诸实施，可谓困难重重。

3. 拥有一份无害的工作

关于正命有 5 个方面，第一条行为准则是不伤害他人。不要去做任何可能伤害他人的工作。很容易，是不是？然而，不管是烟草业巨头，还是便利店店员都销售香烟。这位低薪水的店员还销售啤酒、糖果、彩票、高级时装杂志，在这些时尚杂志上，那些苗条的超级名模展示着柏拉图型相意义上的女性美。有证据表明，所有这些都对人造成了有害的影响。如果说这位年轻的收银员尚不能遵守无害的行为准则度过一天的话，那么你和你的工作会怎样呢？

当然，不伤害的对象还包括我们这个星球。这就剔除了一大批工作，从石油巨头一直到那些非法倾倒有害油墨而不请专业人士处理的丝网印刷匠。当然，你也不应选择那些迫使你撒谎的工作，因此广告这一职业也应在排除之列。

4. 寻找属于自己的幸福

正命的第二个方面是寻找"属于自己的幸福"。你得对正在做的事感到满意，否则你会感到痛苦，相应地，周围人也要受到你的折磨。你有多少痛苦的同事？有多少恼怒的上级向你发脾气？你会把这股怨气撒向下一个人吗？人们为了金钱而勉强去做一些自己不感兴趣的工作，或是为了赚大钱而去做那些压力巨大、令人不快的工作，这根本就不是在寻找属于自己的幸福。理想的情形应是，找一份最适合你的工作，一份使你感到自我价值得到实现的工作，这份工作应使你相信，你正在为了使这个世界更美好而贡献力量。找到这样一份工作是你精神之路的一部分。不管这要花费多长的时间，命运指示我们，总会有那么一份合适的工作等着你去拾取。

除此之外，为整个社会做出贡献也会给你带来额外的"属于自己的幸福"。另一个来源则是努力工作，避免欠债。统计资料表明，一般的美国家庭在任何一个月里都只有1000美元的存款，但信用卡里却有8000美元的债务。这种对金融安全的恐惧就像一把悬在许多人头上的达摩克勒斯之剑，这种恐惧阻碍了内心的平静，是通往觉悟之路的绊脚石。你不可能在"启示录四骑士"（万事达卡、信用卡、发现卡、美国运通卡）的一路追逐之下达到像佛陀那样的精神自由。

另一种你所要努力达到的幸福就是：要在工作中表现得尽善尽美，无可指摘。你的选择和行为不会对他人造成负面影响，你可以问心无愧地做事。

5. 精神成长

正命的第3个方面是，把你的工作变为"精神成长"的工具。在现今这个时代，人与工作是连为一体的。每当我们新认识一个人时总是会问："你是做什么的？"许多人并不愿意将自己与工作连为一体，除非他是手握大权的大人物。工作只是个人身份的一小部分，而且对大多数人来说，工作不能带来快乐，工作只是不得不接受的事物。针对于此，正命的这一方面提出，你可以使工作（不管是何种工作）转化为冥想训练。

冥想通常意味着重复的动作，正是这种重复的动作帮助你进入到冥想的状态。你是否曾在驱车上班途中时想到，其实你并没有真正意识到自己是要去上班。你草草吃了早餐，如果你有福气的话你还要与某个人吻别，你发动汽车，然后你就在对未来一无所知的状态下上路了。这就是一种冥想的状态。你在无可挑剔地工作，但你同时却在别处。你的工作似乎是重复作业，但你可以把这种单调乏味转化为冥想训练，把这种重复作业综合征转化为重复的修行作业。以轻松的心态迎接工作，同时得到内心的平静。

6. 保持单纯

正命的第4个方面是单纯。这是一条放之四海而皆准的精神原则。在你做的每一件事中保持单纯。不要参与办公室谣言或办公室政治之类的轻率之举，这只会使得你的工作变得更加复杂。尽力做好你的本职工作，这样做在精神上的深远好处就是你可以在晚上安然入睡。

7. 乐于助人

正命的第 5 个方面是助人。这在客观主义者当中将会造成极大的骚动，因为他们把利他主义看作是反收益的、毁灭性的，是虚弱的表现。正命哲学则告诉人们，最好的工作就是能对他人和这星球有所帮助的工作。

8. 追随你的天赐之福

正命还教人懂得如何去"追随你的天赐之福"。这个词由学者和神话学家约瑟夫·坎贝尔宣扬开来。他坚持认为，如果你真正地去做你喜欢做的事，去追逐你的梦想，那么你将会在许多层面收到回报，包括金融层面。《做你喜欢做的事，那么金钱也会随之而来》这部畅销书宣扬的也就是这个道理。下次你去书店的话，你就可以注意一下数以千计的这类书，它们都宣称可以教会你类似的提示、手段和技巧，以使得你在金钱方面和精神方面获得幸福。至少，我们可以肯定的是，这些作者已经追随了他们的天赐之福并收获了回报。

9. 网络时代的错误喜剧

正命哲学在理论上通俗易懂，但实际操作起来却并非易事。下面这个非

哲学大考场

你"追随你的天赐之福"了吗？

在正命哲学看来，"追随天赐之福"应是人人所要追寻的目标。该理论认为，如果你做自己喜欢做的事，做能点燃你的灵魂和激情的事，那么最终金钱也会随之而来。据调查显示，我们中的大多数人厌恶自己的工作，显然，天赐之福尚未成气候。

同寻常的案例就值得深思。案例的主角是一家业已不存在的公司，这家公司自命不凡，认为自己在新世纪开创了一种全新的、更为先进的商业模式。

有一家公司，它宣称要实践正命哲学。这是一家网络公司，而网络公司通常会认为自己是时尚的、前沿的，与那些食古不化的"旧经济"商业相比，它们在方式方法和商业伦理方面都具有巨大的优势。

为了营造快乐和友好的工作氛围，公司股东花费了大量的金钱。他们斥巨资购置家具，以实现"嬉皮"的内部设计。所有这一切的目的就是要营造出新新人类所认可的风格。令人感到意外的是，作为一家为世界五百强客户设计、建立和维护网站的公司，这些家具的功能性却没有在考虑之内。

自助餐厅中有着超酷的高脚凳，大约有 5 英尺（约 1.5 米）高，凳上刻着那些苗条的超级名模的背影。他们所围坐的餐桌则大约有 3 英尺（约 0.9 米）高。网站设计师们表示，这种高雅真是无法以言语来形容。不过，这里却有一个小问题，人无法坐在 5 英尺高的凳子上同时在 3 英尺高的桌子上吃饭，除非他是猩猩。因此，员工并不常来这个自助餐厅，除了有时过来到冰箱拿一杯水或免费的可口可乐。

精心挑选出来的会议室里放着蜡笔，管理者鼓励员工在墙上涂写，以此鼓励员工自由发挥他们的童心。

员工可以骑着流行的银色踏板车穿过隔间之间的过道。在过道，人们还可以用沙滩球踢足球。此外自助餐厅还有一张台球桌。

在公司里，没有所谓的着装规范，因为这种规范真是太过于老式了。公司支持员工有表达的自由，因为员工是"艺术家"。公司办有免费的瑜伽班，但你得在早上 7 点就赶到办公室，这样才能抢得先机。此外，公司还提供免费的午餐，从早到晚，公司的公共地带都放置着水果以及其他的美食。

公司鼓励员工参与工作之余的社会活动。事实上，这占据了一部分工作时间。因为工作之余的活动必定涉及饮酒，在那种情况下，有节制的人往往会被鄙视。实际上，确实有员工在早上 10 点的会议上拒绝"干几杯"，当时就有股东对这些员工提出，这样并不"酷"。

这家公司就如海怪利维坦一样，吞并了全美无数的新兴小公司。一位来自得梅因办事处的员工曾对这家公司惊叹不已，他发现这家新公司的员工恢复了 3 小时商务餐的传统。他参加了一次会议，在其中名为"开始了解你"的环节

重要提示

许多新公司都给员工提供额外的好处，以使得工作生活成为一种更为积极正面的甚至是灵性上的经验。如果是工业时代的强盗大亨，他们对这些人体工程学的工作场所、瑜伽和冥想班，甚至工作场所的女按摩师会有怎样的想法呢？然而，数以万计的网络时代雇员在受到挫折之后将会明白，工作终归还是工作。

中，员工们宣布，人人都要露出自己内裤的束腰带以增进了解。

这许多的关于"工作生活品质"的论题之所以被提出来，其目的就是要在公司创造出家庭的氛围和环境，使得人们迫不及待地要来办公室，总之就是所有这一类的东西。这些议题所要透露给人的信息就是，他们是一个快乐的大家庭，他们正在让这个工作场所变得更美好。

然而，随着经济衰落的到来，天堂之梦破灭了。公司开始裁员，从前的奢靡变成了锱铢必较。在笔记本上听歌的员工被提醒不能再如此了。摘下耳机，这些员工在他那符合人体工程学的座椅上环顾四周却发现，他们的经理兼导师兼酒友等，其周围多了一个穿着蓝色制服的警卫。员工们被告知，不得靠近这些人的工作场所。现在，员工要整天坐在电脑前；他们交出了手机和掌上电脑，这些东西被礼貌而坚决地请出了这座建筑物。如果有员工要被开除的话，这个员工将会得到详细的离职补偿金。至于那些清洗过后幸存下来的员工则被告知，目前他们是安全的，但是要更努力、更长时间地工作。

1.5 米高的高脚凳在易趣上以每条 600 美元的价格处理掉；大厅方尖碑上的价值 2000 美元的灯泡则没有被替换掉，留下了这隐约像是单一巨石阵的景象，也算是对这虚假的正命实践的纪念，并为这网络时代的错误喜剧画上了句号。

这位孩子气的总裁仍然坐着公司的利尔飞机在世界各地奔波，他试图寻求那些疑心越来越重的风险资本家的支持。第 2 次、第 3 次和第 4 次的裁员风潮接踵而至，最终，只剩下了总裁自己，他申请了个人破产，这个实践正命哲学的梦想也最终破灭了。

从这一案例中我们能认识到什么？正命哲学是一种高尚的行为准则，但在现代要付诸实施却极为艰难。当一些公司试图强行推进这种议题，或是创造出温情脉脉的幻象时，请记住这个忠告，他们所要寻求的底线是天堂而非觉悟。商业世界中许多声称要遵循正命哲学的公司，其实只是披着袈裟的狼。

第二十一章

被遗忘的哲学家

阅读本书至此，你也许会得出一个结论，哲学有一个严格的范围，基本是限于所谓的"死了的白种男性"这一被误解和恶意中伤的少数群体。确实，许多著名的哲学家都是欧洲人，而且他们中的大多数人业已逝世，既然如此，那么本章就着力对非洲哲学作一个概要介绍。

一、"原始"文化

西方之外的哲学通常被降格称为"原始"文化。这些哲学中的许多部分都与神话和神灵结合在一起，特别是非洲人和美洲印第安人的哲学，他们的哲学中有着丰富的智慧传统等着人们去发掘。

非洲是一块多元化的大陆，有着各种不同的文化、信仰和哲学。人们普遍认为，直立原始人，也就是你和我的祖先，最先出现于非洲大陆，因此事实上（除非还有其他的证明），非洲是所有人类的起源地。

接下来的并不是一篇面面俱到的专题论文，而仅仅只是对非洲大陆上涌现出来的各种基本哲学观念作一个概览。

二、非洲哲学

非洲哲学从最总体上来说牵涉到人与自然的深刻联系，以及对不可逆转的生命循环的理解和重视。人是自然和宇宙的宏大图景中的一部分。在非洲人的世界观中，人不能单靠理性生活。直觉和想象被认为是获取智慧的有效途径，而并没有特别强调逻辑。情感在非洲哲学中起着更为重要的作用。

西方哲学中有许多关于上帝存在的辩论。非洲哲学中则没有这些本体论争论、归纳和演绎推理以及关于不动的推动者的证据。在非洲人看来，有一种"力量"存在着是一个基本事实，就像精神世界与现实世界是共存的，这些都无需争论。

典型的非洲哲学坚持认为，宇宙中存在着一种秩序。在这等级秩序的最高点是高等力量（神），接下来是人、动物和无生命的自然物。

1. 无哲学辩论

在非洲哲学中，唯理论和经验论之间的争执是不存在的；所有的哲学辩论都不复存在。

世界既不是人头脑中的理念；也不是只能通过感官经验才能理解的。这种势不两立的二元论在非洲哲学中并不存在。此外，遍布西方思想中的心物二元对立冲突也不存在（东方思想中也有这样的二元对立冲突——比如佛教的阴和阳）。

严丝合缝的和谐与世界万物的流动是非洲哲学的核心。死亡并不意味着结束；死亡只是生命的一部分，是通往另一新的精神存在的旅程——虽然这一观念也为各种文化中信仰宗教的人所认可。非洲哲学还认为，心灵－身体－灵魂之间有着自然的联系，这种观念近来也越来越为其他社会所接纳。人是有机的组合体，灵魂患病会使得身体也染上疾病。现今西方世界中越来越流行的整体医学就是以此作为其主要理论基础的。

重要提示

在非洲人和美洲印第安人的文化中，不存在所谓的"二元论"。生命处于无始无终的圆周循环之中，人与自然融为一体。西方人倾向于建立对立冲突，但在这片世界中，对立冲突根本就不存在。

2. 关于时间

非洲哲学把人视为和谐整体的一部分，而不是宇宙的高贵中心或是自然的恶作剧。时间并不由钟表之类的东西来测量；日出、日落和季节的变更测量着时间。在非洲哲学中，没有赫拉克利特关于万物都在流动中的理论，也没有巴门尼德关于变化只是幻象、永恒不变才是现实的常态的观点。

欧洲人关于时间的另一场大争论发生于伊萨克·牛顿爵士和戈特弗里

德·威廉·莱布尼茨之间。牛顿是 17 世纪伟大的科学家和数学家，重力正是由他"发现"的，他断定，时间与其说是构成生命的事件序列，不如说时间是绝对的、数学的和自发的。相对的，莱布尼茨认为，事件的交替构成了时间。我们的老朋友亚里士多德则认为，时间是所有事物从潜在到现实的内在演进的一部分。

非洲人认为，时间就是生命的进程。数千年来，和谐与完整就是非洲的哲学。当然，在这个工业化和互联网的时代，非洲人已经接受了不少西方的方式方法，就像一些源自非洲和美洲印第安人传统的哲学已陆续潜入到西方哲学中来一样。

知识点击

在传统的非洲人和美洲印第安人的文化中，测量时间的方式与西方不同。他们不是滴答滴答的钟表的奴隶。他们认为，时间由日出和日落以及季节的变更来测量。

三、美洲印第安人哲学

就像非洲人一样，美洲印第安人也不是单一化的。在美洲印第安人中，有超过 700 个民族，而在这些民族内部又有着更多的部落。虽然美洲印第安人是多种多样的，但他们拥有共同的文化哲学。

1. 同一个神

传统的美洲印第安人相信，不管人们给造物主冠以何种称号或特性，不管是基督徒、犹太人还是美洲印第安人的神，这些神都指向同一个神。就像你吃的东西造就了你一样，美洲印第安人相信是神造就了人。造物主创造了你，而你则创造自己的人生。你并没有被原罪所污染，你也不是生来就有罪（毕竟，是上帝创造了你），因此你也就不需要救世主来拯救你。还记得学校里的旧招贴吧，上面说"我知道'我是独特的'，因为上帝不造废物。"这就是美洲印第安人的哲学。

2. 追寻异象

美洲印第安人精神哲学中的一个有趣现象就是对异象的追寻。这是一种个人的仪式，追寻者很少会与部落中的其他人讨论这件事，也不会打扰外人。通常，追寻者会独自在带着极少的补给或者根本不带补给的情况下进入荒野，他通过祈祷和冥想接收来自造物主的讯息，通常这种讯息会以一种动物的精魂为形式，此后，这种动物的精魂就成了这个人的指导。

3. 故事时间

就像所有的原始文化一样，美洲印第安人的历史文化通过口述传统来传承，因此只有很小的一部分以书面的形式被记录下来。人人都爱听好故事，最好的故事就是那些力图解释普遍真理的故事，这些故事试着告诉人们我们是谁，我们是怎样到达这里的。这些丰富的神话故事以娱乐的方式表达了许多根本的真理和深刻的智慧。要使人理解和接受你的观点，讲故事与说教相比是更好的方式。

与非洲故事一样，在美洲印第安人故事所描绘的世界中，动物和人类在生命的循环中享有同等的地位。动物在被猎杀之后会由于它们的牺牲而受到崇敬，它们的精魂受到崇拜，因为人们相信，没有了这些动物，人类就要毁灭。《圣经·旧约》认为，人是地球和地球上其他生物的主宰，这种意识在美洲印第安人那里是不存在的。美洲印第安人的时间意识同样也基于季节的自然节奏、月亮的盈亏和他们自身的生物钟。

> **知识点击**
>
> 非洲人和美洲印第安人不以书面方式记录他们的文化，即使有，也只是记录了极小的一部分。他们拥有丰富的口述传统，历史、神话、文化和哲学经由一代接一代的口述故事而传承下来。

4. 死后生活

在美洲印第安人的传统中，我们人类并不是真实世界的权威。在我们人类所处的世界之外，还存在着另外的世界，这些世界中充满了精灵，而且所有这些世界之间保持着稳定的交流。精灵会引导来访的人类，当然人类如果知道其他方法的话，他还可以通过灵魂出窍来访问其他次元的世界。

四、《黑麋鹿如是说》

用诗人约翰·内哈特的话来说，《黑麋鹿如是说》是当代关于美洲印第安人哲学和精神的一部经典著作。它讲述了一位非同寻常之人的非同寻常的故事，传递出了一个民族的哲学。这部著做出版于1932年，全书的写作形式就是内哈特与一位名叫黑麋鹿的苏族印第安老人之间的对话。

黑麋鹿的一生经历了美国历史上的一段纷乱时期，在这段时期中，他目睹了他的部落及其生活方式的衰败。小比格霍恩战役爆发时，他还正值少年，这场战役是苏族人的最后一次抵抗，在这次战役中，乔治·阿姆斯特朗·卡斯特将军和他的部队惨遭屠杀。虽然苏族人和所有的美洲印第安人赢得了这次战役，但是他们却输掉了整个战争，他们被遣送到居留地，一直到今天，他们的子孙还在这些居留地上生活。

1. 绝望之人

在19世纪80年代，黑麋鹿作为野牛比尔的狂野西部演出团的一员，巡游了美国东部和欧洲。在过了几年名人生活后，他回到了他的部落，却见证了恐怖而又臭名昭著的1890年"受伤的膝"大屠杀。经历了这一事件之后，他绝望了，他转而皈依罗马天主教，这与其说是出于真正的改宗，不如说是出于放弃。此后的整整30年，他在松岭居留地全力地为他的部落服务，传授着一种并不属于他的信仰，却把他早年经验到的异象和领悟放到一边。他像白人一样穿着打扮，为了天主教而放弃了萨满教的修行。但是黑麋鹿的天性不可能永远蛰伏。

重要提示

《黑麋鹿如是说》在20世纪很好地阐释了美洲印第安人的精神。这部书是一位萨满教巫师兼医生对一位著名的美国诗人所讲述的回忆录。对于想要了解美洲印第安人文化的人来说，这部书应是一部必读书。

就像荣格所说的阴影一样，一旦有了合适的外部刺激，这种天性就会苏醒过来。

黑麋鹿所经验到的异象是，世界上所有人围成一个神圣的圈，大家在一起和睦生活。"大灵"敦促他走到人群中去传播这一讯息，但他却把这一讯息留存了几十年之久。古语有云："学生到了，老师就会出现。"对黑麋鹿来说，这两方面都在齐备之中，1930年，他终于遇到了可以帮他完成这神圣使命的学生。

2. 心灵复苏

美国诗人约翰·内哈特采访了黑麋鹿，他希冀能从黑麋鹿这里获得一些关于"受伤的膝"大屠杀的史料，因为他正在创作一首关于此事的史诗。黑麋鹿在内哈特身上察觉到了一些东西，并相信是上天把他带到了这里。于是，两人形成了互惠互利的关系，并成了终生的朋友。诗人遇见了一位伟大之人并写出了一部深刻的作品；黑麋鹿恢复了他原先的打扮并回到了"世界的中心"——南达科他州的黑山哈尼峰，正是在这里，他第一次经验到了异象。

曾有目击证人回忆，黑麋鹿祈祷期间，乌云汇聚，雷声隆隆，并有小雨落在祭品上。而当祈祷结束后，则立刻风轻云淡。据说这祈祷是为了他未能坚持自己的信仰而进行赎罪并请求宽恕，然而黑麋鹿并不止于为了弥补由他的绝望而造成的裂痕，他其实是在做"大灵"的工作，即把讯息传播给所有肯聆听的人。

重要提示

美洲印第安人关于十字神轮的观念与卡尔·古斯塔夫·荣格提出的"个性化"理论有着相似的地方，荣格的"个性化"理论提出要把人的身体、头脑和心灵这几个迥然不同的方面成功地融为一体，以形成一个和谐的整体。

五、十字神轮

美洲印第安人之间流传着一种共同的哲学传统，一种叫作十字神轮的信仰体系。轮子的符号象征了生命的循环，这包括大宇宙（世界）和小宇宙（个人）的循环。轮子的四根轮辐代表了罗盘上的东西南北四个方向，每一个方向有它自身的哲学，并有作为象征的动物和颜色。

1. 轮辐之义

东方被认为是开始，因为太阳从东方升起。东方的代表颜色是金色，象征动物是一只金色的鹰。东方的哲学要求看清这个世界的本来面目，要明晰不要幻象。

南方以绿色为代表颜色，以老鼠为象征。老鼠代表了努力和求知的天性，这种天性应被提倡。我们中的许多人把老鼠视为一种讨厌的动物，但传统的美洲印第安人看到的却是一个强悍的、聪慧的、不屈不挠的探索者。下次当你在捕鼠夹里再看到这个可怜的小动物时，你可以回顾一下印第安人的看法。

西方是太阳落山的地方，其代表颜色是黑色，象征动物是熊，因为熊是夜间活动的动物，并且在洞穴里冬眠。美洲印第安人是一些非正式的心理学家，他们把熊看作是内省的象征。我们大部分的意识都属于潜意识，是那些在黑暗王国里穿行的意识，这就像熊在夜间潜行，沉浸于内省之中，在这种情况下，获得启示的机会相对来说更大。美洲印第安人的这些观念表明，他们对人类的心理有着相当成熟的了解。

最后，北方代表的是冬季，其代表颜色是雪花的白，象征动物是狼和水牛。这两种动物代表的是智慧和洞见，就像人只有到了生命的冬季，智慧和洞见才姗姗来迟。

2. 轮之中心

所有这4根轮辐汇聚于轮之中心。如果你在一生中能到达这一中心，则表明你已在这所有4种品质之间取得了完美的平衡。美洲印第安人的这种关于十字神轮的观念与卡尔·古斯塔夫·荣格提出的"个性化"理论有着相似的地方，荣格的"个性化"理论提出要把人的身体、头脑和心灵这几个迥然不同的方面成功地融为一体。

一些美洲印第安人部落对于刑事审判有着非常开明的看法。纳瓦霍族把罪犯看作病人而非恶人，他们主张用治疗性的仪式使罪犯康复，并欢迎他重新回归部落。尽管如此，这并不是一种原始的不假思索的自由主义。如果一个人屡教不改，被认为无法挽救，并且对部落中其他人的生活构成威胁时，那么这个人通常就以被流放而告终。

3. 总结

美洲印第安人的哲学可以总结为如下：

世间万物互相联系，人类只是宇宙宏大图景中的一小部分。与赫拉克利特一样，印第安人相信生命的循环是一个永恒变化的过程，只不过这种变化不是混乱或是无意义的。万物皆有因，即使我们不知道这因是什么。人是肉体和灵魂的结合体，在我们五官所看到和经验到的世界之外，还存在着一个与这一世界一样真实的灵魂世界。

重要提示

一些美洲印第安人部落对于刑事审判有着非常开明的看法。罪犯被当作病人来对待，人们试着治疗他们并重新使他们融入部落中来。当然，那种极端暴力的、凶狠致命的、被认为无法挽救的部落成员通常就以被流放而告终。

我们来到这世上就是来学习的。我们只有在生理、心理、情感和心灵这些天性之间取得平衡，才能达到最佳的学习状态。我们还可以请求灵魂给予帮助。学习的目的是要实现你最大的潜能，而唯一真正冒犯神的罪就是：神为了利于你和社会而赐予你天赋，而你却没有运用这种天赋。

4. 西雅图酋长的信

我们将以西雅图酋长写给那些要买土地的"白人"的信来结束本章。这封信非常著名，它以令人心酸的雄辩阐述了美洲印第安人哲学的精华，也提醒着我们曾对这些深刻的哲学家、对这一高贵的种族所犯下的罪孽。

"总统从华盛顿来信说，他想要买下我们的土地。但是，土地、天空怎么可能买卖呢？这个想法对于我们来说是闻所未闻的。新鲜的空气、粼粼的波光，如果说这些都不属于我们，那你们又怎么可能从我们这里购买呢？这里的每一块土地，对于我的人民来说都是神圣的。每一根闪亮的松针，每一粒海滩的沙砾，每一片密林中的薄霭，每一块草地，每一只鸣唱的虫儿，所有这一切，在我们人民的记忆中都是神圣的。我们熟悉树液流经树干，正如我们熟悉血液流经血管一样。我们是大地的一部分，大地也是我们的一部分。芬芳的花朵是我们的姐妹，大熊、鹿儿、雄鹰是我们的兄弟。山峰的岩顶、草原的露珠、小马的体温，它们和我们人类是一家。

溪流河川中闪闪发光的并不仅仅是水，那里流淌着的还是我们祖先的血液。如果我们把土地卖给了你们，那么请务必牢记，土地是神圣的。清澈湖水中每一个平滑的倒影，都讲述着我们人民生活中的事件和记忆。那潺潺的流水声，是我们的祖辈在轻声低语。河流是我们的兄弟，它解除我们的干渴，载运我们的独木舟，哺育我们的孩子。因此，你们务必要像对待自己的兄弟那样善待河流。如果我们把土地卖给了你们，那么请记住，空气对我们来说是宝贵的，它维持着我们的生命，它的神灵与我们同在。风给我们的祖先送来第一次呼吸，也迎走他的最后一丝气息。同时，风也给我们的孩子带来了生命之灵。因此，如果我们把土地卖给了你们，请务必保持这块土地的纯洁和神圣，以便当草原上繁花盛开时，人们可以品味到香甜的风。我们教给我们孩子的这一切，你们会教给你们的孩子吗？你会教给孩子知道大地是我们的母亲吗？大地所有的一切，也会赐予大地所有的子孙。我们知道：大地不属于人类，是人类属于大地。世间万物都是互相联系的，就像血缘把我们所有人联结起来一样。生命之网并非人类所编织，人类不过是这网中的一根线。人类对这网所做的一切，最终会影响到他自身。我们知道：我们的上帝也是你们的上帝。大地是上帝所宝贵的，对大地的伤害，就是对造物主的亵渎。你们的命运对我们来说是一个谜。如果把所有的水牛杀光，把所有的野马驯化，那将是一种怎样的景象？如果当森林中最隐秘的角落也充满了人类的气味，最原始的山陵景观也被电话线所破坏时，那将是一种怎样的景象？丛林在哪里？消失了！雄鹰在哪里？消失了！当我们要对疾驰的小马，对狩猎说再见的时候，这意味着什么？这意味着真正生活的结束和苟延残喘的开始。当最后一个人随同这片原野消失的时候，当他的记忆只留存于飘过大草原的云影中时，这些河岸和森林还会在这里吗？这里还会留存有我们人民的灵魂吗？我们热爱大地，就像新生婴儿热爱母亲的心跳一样。因此，如果我们把土地卖给了你们，请像我们一样热爱它，像我们一样呵护它。当你们接管这块土地时，请牢记这块土地上的记忆。为了子孙后代，请保护这块土地，热爱这块土地，就像上帝喜爱我们一样。正如我们是这块土地的一部分，你们也是这块土地的一部分。大地对我们来说是珍贵的，对你们来说也是珍贵的。我们都懂得这一点：上帝只有一个。没有人能脱离这大家庭，无论他是不是白人。我们终究是兄弟。"

第二十二章

迈向美好生活的 12 步

自古以来，"瘾"的诅咒就折磨着人类。在各种各样的"瘾"中，最具破坏性和最无情的当数嗜酒。嗜酒对数以万计的人造成了极坏的影响，它摧毁了无数人的生活，这其中既有嗜酒者自己，也有他（她）周围的人。

一、酒在社会中的角色

数千年来，酒的消费已成了社会和文化的一部分。酒是缓解局促气氛的好工具。它能活跃聚会的气氛，提升消沉的情绪（其实是一种误解，如把酒看作化学试剂的话，酒是镇静剂，而不是兴奋剂）。

酒无情地使人上瘾。虽然大多数人能控制自己的饮酒行为，能沉浸在酒带来的许多乐趣当中而不造成有害的影响（如庆祝新年后的宿醉），但对某些人来说，酒无疑就像是一把上了膛的手枪，嗜酒者紧握这把手枪扣动扳机，然后就把自己送入到了毫无知觉的状态中去。对于这些不幸的可怜灵魂来说，喝酒就如哈姆莱特所说的是"一种违背它比遵守它更好的习俗"。换句话说，他们应远离酒这东西。我们常常会听到这样一句话："对某些人来说，一个都显得太多，而对某些人来说，一百个都显得不够。"那么，酒对有瘾和无瘾的人来说是不是也是这样呢？

二、酒的危害

酒每年都要杀死成千上万的人。酒后驾车就是一个明显的例子，但其他像心脏病突发、中风、自杀、杀人、悲剧性的意外事故，甚至某些癌症都与嗜酒有着直接的联系。近些年来，嗜酒不再像前几年那样被人耻笑侮辱。许多医疗方案中都包含了对嗜酒的治疗，如果嗜酒者能够配合这些治疗方案，并且表明自己能够坚持正道的话，那么许多雇主也会再给这些嗜酒者一次机会。复原方案和复原设施是一个大问题。几乎可以肯定的是，嗜酒者还会继续存在，因为只要地球上还有人类，就会有一定比例的人嗜酒或是滥用某些其他东西。

三、复原之路

如今，嗜酒者要寻求治疗是很容易的，而且他们也得到社会的极大关注，但以前的情况并非如此。事实上，嗜酒是在近些年来才成为一种普遍现象的。以前，嗜酒者很少能获得现在这样的援助，以前他所能获得的不外乎是一些安慰和帮助，或者是一些宗教组织和提倡节制的社团进行的挽救工作。一些组织如"救世军"帮助了不少贫困的灵魂。许多天主教徒则会跑到牧区牧师那里，发誓戒酒，发誓要戒掉这种魔鬼饮料，这通常是在其配偶喋喋不休地催促之下才发生的。以前，嗜酒者一旦沦落到贫民窟里，则被视为可鄙的贱民。嗜酒者就算出于真心要戒酒，其复原的概率也是寥寥无几。倘无咬紧牙关的顽强意志和宗教上的皈依，嗜酒者想要成功戒酒几乎是不可能的。

对于需要帮助的嗜酒者来说，牛津团契是一处避难所。牛津团契是20世纪初由基督教福音派教徒创建的一个超宗教派别的组织。这一组织力图效法基督教草创时期的做法，那时基督教还只是社会底层一帮受到迫害的无家可归者。牛津团契本身并不涉及复原之事，它只是鼓励堕落的男男女女去寻求生活和行动的方案来与他们的"堕落"作战。

牛津团契的一个成员曾向卡尔·荣格博士寻求治疗。结果这位赫赫有名的心理学家也对这潜在的嗜酒之谜困惑不已。荣格对这个病人进行了相当长一段时间的治疗，但病人在治疗期间还是反复地恢复饮酒，荣格只能承认，人对嗜酒无能为力，他告诉病人说，只有精神上的彻底改变才能有所帮助。这种

重要提示

嗜酒者互戒会成立于1935年，在经历了艰难而低调的起步期后，嗜酒者互戒会已帮助全世界数以万计的人与破坏性极强的嗜酒进行斗争。

情形已经延续了数百年，而且看起来，这种现状似乎在近期内无法得到改变。

四、嗜酒者的新希望

对于嗜酒者，并没有一种专门为他的这种独特情况设计的哲学和方案——直到 1935 年，一连串幸运的巧合把一个趾高气扬的纽约股票经纪人和一个谦虚低调的俄亥俄医生带到了一起，这两人为那些痛苦的嗜酒者带来了新的希望。

比尔·威尔森是一位经历过第一次世界大战的老兵，富有野心和魄力，退伍后，他决心要在这个世界上干出一番事业。在辉煌的 20 世纪 20 年代，他在股票市场上大获成功，但同时却在嗜酒的泥淖中越陷越深。当股票市场崩盘，美国陷入大萧条时，威尔森也成了受害者之一，而同时他喝酒也喝得更厉害了，这使他的生活陷入比道·琼斯指数还要混乱的大漩涡中。威尔森和他那历尽艰辛的妻子洛伊丝过着人间地狱般的生活。他不时地住院出院，间歇性地戒酒，但每次都又回复到更为严重的嗜酒中去。看起来，威尔森是没有希望了。他的医生告诉威尔森的妻子要做好最坏的准备。医生认为，威尔森要么会痛苦地死去，要么就以被关进精神病院而告终。

1. 老朋友的及时来访

这时，有一位声称找到了宗教信仰的老朋友来看威尔森。他是前面所提到的牛津团契的一员，威尔森与他是多年的酒友。在听了这位老朋友的故事之后，威尔森大受启发。这位老朋友谈到，世间存在着一种比我们自身更为强大的力量，这一观念击中了威尔森。许多人对组织化的宗教有着抵触情绪，因为有些人坚持必须先"要听布道"才会给予帮助，他们在这些人的帮助下往往不能成功戒酒。不管出于何种原因，傲慢、偏见或是原则，许多人就是无法接受"上帝的事"。比尔·威尔森就是这些人中的一个，但既然他是一个如此失败的人、一个绝望的嗜酒者、一个失掉了一切以至可能失掉生命的人，那么他也就无须要下多大的决心去冒险，他突然就接受了某种东西，某种比强大的"我在"更为强大的东西。威尔森在他朋友带来的信息里找到了力量，他恢复了冷静。

2. 比尔的危机

但别急，我们现在才刚开始。比尔·威尔森有一次去中西部地区出差，在途中他遇到了一次危机。他极度渴望喝上一口酒，但他又极力挣扎着不让自己开口喝酒，因为他知道，一旦自己喝了第一口酒，那么之前所有的努力就会白费。宾馆大厅里的鸡尾酒吧诱惑着他，但他却转而拼命地向满世界的人发出了一个奇怪的请求：他要找个嗜酒者来与他聊天。他并不是要劝这个与他聊天的人改变信仰，也没有想要拯救这个人的灵魂，他只是出于开明的自利。与另外的嗜酒者聊天是对他自己的治疗。

于是在那个决定性的日子，比尔·威尔森被引荐给了鲍勃·史密斯医生。史密斯在他的家乡也接触到了牛津团契的思想，最初他不情愿地安排出了一点时间来见威尔森，结果这两人最后却聊了数小时之久。正是在此种情况下，20世纪最有影响力也是最有益的运动诞生了——这就是嗜酒者互戒会。

3. 嗜酒者互戒会的诞生

嗜酒者互戒会的前提非常简单：把一群人聚集起来，大家一起与共同的问题做斗争。大家互相分享共同的经验就能从彼此身上获取力量，并对未来燃起希望。清醒的嗜酒者要为了自己而去帮助落魄潦倒的酒徒，这是一种全新的观念。当然，这种观念体现出了怜悯和利他主义，但其主要的动机还是出于个人复原的目的。友善的行为带来的回报就是个人能够更坚强地去戒酒。

这种形形色色的戒酒者联合会在亚克朗市、俄亥俄州和纽约开始逐渐出现。但是，为了使这一运动存活下去并繁盛起来，为了拯救他们自己并向那些深受嗜酒之苦的人群传播这一充满希望的讯息，他们将创造出一种怎样的哲学呢？

五、嗜酒者互戒会背后的哲学

确实，嗜酒者互戒会的创始人和其早期的成员都是白人，并且他们的信仰无疑是倾向于基督教的，但我们不要因此而反对他们，不管这种风气在今天这个时代是如何的时髦。

嗜酒者互戒会的支柱哲学是"一天一天来"这样一种观念。当然，这一观念并不是由嗜酒者互戒会发明的，也并非来源于 20 世纪 70 年代的同名情景喜剧。这是古代东西方都有的一种古老哲学。佛陀劝诫人们不要沉迷于过去，也不要去思考未来。聪明的人专注于现在。留心和注意现在这一刻，不要为你不能改变的过去和仍然是迷的未来而分心，这是保持专注和明智的主要方式。

圣·奥古斯丁也提出，上帝存在于永恒的现在，不受线性时间变化的影响，这一观念也是一种原型。而且，比尔·威尔森还读过奥古斯丁那部影响巨大的著作《忏悔录》，这部著作描述了从一个放荡子到一个伟人的朝圣之旅，威尔森在这一强有力的讯息中获得了力量。

1．无须治疗

嗜酒者互戒会的成员并不认为他们自己是被"治愈"了。这种观念实际上是比较危险的，因为嗜酒作为一种恶性的威胁仍然蛰伏在个体当中。戒酒者仅仅只是保持"今天"清醒。今天他们不会开口喝酒。这种哲学抚慰戒酒者的恐惧，并促使这备受摧残的头脑在个体身上玩起一场使自己入迷的游戏。停，闻闻花香，不要开口喝酒。这种方法很难说是原创的，但当嗜酒者针对自己的情形运用这种方法时，其效果却是不可思议的。

重要提示

嗜酒者互戒会的成员认为嗜酒无须治疗。他们按照"一天一天来"的方式远离饮酒。这种哲学并不是嗜酒者互戒会独有的。它是几千年前东西方都有的古老传统。

2．祈祷宁静

不经意间，亚西西的圣·方济各为嗜酒者互戒会提供了最重要的哲学之一，而这位著名的中世纪哲学家（和动物爱好者）要早于比尔和鲍勃数个世纪之久。圣·方济各为嗜酒者互戒会提供的这种哲学就是我们所熟知的祈祷宁静。这种祈祷为人指引了生活的方向，促使人的头脑趋向积极的宁静，无论你是酒鬼还是忌酒者，或是由酒鬼转变而来的忌酒者。换句话说，所有人都可以在这种祈祷当中有所获益。

3. 集会

嗜酒者互戒会的集会通常会在一些不怎么费钱的地方举行，经常就是教堂的地下室——不为别的，只因为主人比较具有同情心，而费用通常比较合理。嗜酒者互戒会不收会费，但实际上参与者都会拿出一点钱来支付场地和咖啡的费用。集会有好几种形式。有些是讨论型的集会，在这种集会上，先会有一个领头人出来讲几分钟，然后他会环顾房间四周，给每一个与会者提供机会来分享他关于所讨论话题的想法。讨论的话题有"认同"和"感激"诸如此类，但这些话题只是一个跳板，其目的是要达到对嗜酒的

自由而开放的讨论。有一些与会者把这当作一个机会，尽情"倾倒"和宣泄那些正困扰着他们的情绪。通常，与会者的这类要求都会委婉地得到满足，但重点还是在嗜酒和复原上。毕竟，这才是他们聚集在一起的原因所在。

在步骤集会上，与会者阅读和讨论12步中的某一步（我们将在本章的稍后部分介绍戒酒12步，这是比尔·威尔森所设计的生活方案）。宝典集会则涉及对宝典中某一段的阅读，并且对这一段的实际可操作性进行讨论。所谓的宝典其实就是《嗜酒者互戒会》这部书的昵称，这部书由比尔·威尔森写就，写作期间威尔森还得到了他的一些朋友的小小帮助。这部书的第一部分叙述的是威尔森自己的故事，并提出了针对戒酒者的行动方案。之后的部分则叙述了其他许多人的故事，叙述他们如何在嗜酒者互戒会中得到了帮助。

公开集会，顾名思义，指的是对公众开放的集会。通常，会有3

位演说者对与会者发表演说。虽然我们一般认为其他类型的集会是封闭的，但实际上并没有会员的限制。没有人会查你是不是会员，也没有人会问你的名字。你来到这里就意味着你有停止饮酒的渴望。有些非嗜酒者可能也会想要"试试"嗜酒者互戒会的集会，虽然我们会对他们的这种想法感到奇怪，但他们可以毫无顾虑地去参加这种集会。

4. 保护人

新进的会员要与某个会员联系在一起，这个人就是保护人。保护人就是新近会员在复原的面对面这一环节中所要面对的那个人，这人通常（但不是必须）要年长一些，他（她）要引导新近会员走过复原的最初阶段，回答新近会员的任何问题，与他们一同参加集会，并且要能提供建议和帮助。这听起来像是回到了古老的导师传统。新近会员看待他们的保护人就像学园派学生看待柏拉图和逍遥派学生思索亚里士多德的话一样。然而，这些保护人并不认为自己特别智慧，他们只知道对他们自己有用的东西，只知道要通过帮助新近的伙伴来帮助他们自己。他们就是苏格拉底所说的助产婆，谦逊地在失望的深渊与希望的高空之间架设桥梁。

六、戒酒 12 步

嗜酒者互戒会的戒酒 12 步由比尔·威尔森和他的同伴们在吸收借鉴了数千年的丰富哲学和文化传统之后设计构造。可以说，比尔·威尔森并没有编写这些步骤；他是数出了这些步骤。但它是一种在正确的时间以正确的方式提出的哲学主张，并因此而极大地改变了这个社会。客观地说，这是一种合理的生活指南，甚至对非嗜酒者来说也是如此。

1. 现行的 12 步

最初的 3 步由个人来实施。嗜酒者首先要承认嗜酒并不能使他过得更好，而他对嗜酒是无能为力的，因此他需要寻求帮助以使自己从困境中解脱出来。嗜酒者互戒会把这一步骤称为承认"比你自身更为强大的力量"，认为这样做就能恢复人的理智。接下来，嗜酒者就要决定放弃自己的意志，向这种力量投降了。

第4、5步涉及"走出来"之类的事情。嗜酒者互戒会建议嗜酒者为自己列一张道德清单，并且不要为此感到恐惧。嗜酒者要检点自己的生活，试着找出自己在哪里做错了，并且如何能弥补这个过错。在第5步，嗜酒者要与另外一个人，通常就是他的保护人，分享这种高度私密性的信息。对许多人来说，这是他们所做过的事情当中最难做的事情之一了。这样做的好处就是，嗜酒者会发现自己并不孤单，因为与他们分享这信息的人往往也具有相似的经历。

在第6和第7步中，嗜酒者和他的保护人（或听取忏悔者）找出"性格中的缺陷"，然后请求上帝拿去这些缺陷。

第8、9步对于嗜酒者来说也不是那么自然而然，总之存在一些困难。在这两步中，嗜酒者互戒会建议嗜酒者列出一份他在嗜酒期间所伤害的人的名单。这通常就涉及家庭成员、雇主、雇员和各个他们所爱的人。这是一个令人难堪和痛苦的过程，但还是出于自利的目的。如果说忏悔对于灵魂来说是有益的，那么改正错误无疑就更有益了。这样做就从肩上移走了沉重的负担，为内疚的心灵丢掉了包袱。

第10至12步传统上叫作"巩固步骤"。嗜酒者继续留心那些令人讨厌的性格缺陷，通过祈祷和冥想请求那个高于他的力量给予其指导，并且非常重要的是，他们要通过为新进会员提供帮助和服务来把这个信息传承下去，并偿还之前免费提供给他们的帮助和服务。

2. 顺从的问题

许多新近会员对顺从的问题有着极大的困惑，要承认自己无能为力，并接受"高等力量"这一观念，是比较困难的。由于大多数嗜酒者互戒会的成员都是基督徒，因此这种影响大多只限于言语上，嗜酒者互戒会其实与犹太基督教之类的东方思想靠得更近——再加上一定的实用主义和积极的利己主义。

七、嗜酒者互戒会与上帝

嗜酒者互戒会经常提到上帝，这可能会使人觉得它是异端邪教。但嗜酒者互戒会坚持这样做。他们认为，你可以把高等力量看成任何事物。威尔森在 20 世纪 30 年代写道，人们不应为语言文字所分心。所谓的高等力量并不是语言文字游戏，也不是为在语言文字上回避上帝而造出的替代称呼。许多人就把嗜酒者互戒会的哲学作为高等力量，以防止神秘的因素混合在内。嗜酒者互戒会有这种力量可以使人保持清醒。这是嗜酒者当他独自戒酒时所缺乏的一种力量。因此，这是一种高于嗜酒者个人的力量。诡辩？其实这给我们提供了一个例子，就是"管用就行"的哲学实际上也能发挥大作用。

重要提示

尽管充满争议，嗜酒者互戒会并不是宗教组织，它是一种精神的复原方案，它并没有要求会员信仰上帝。入会的唯一要求就是停止饮酒。

八、12 传统

除了为个人量身定做的戒酒 12 步以外，嗜酒者互戒会还有 12 传统，这是为了整个组织的健康发展而设计的。你也会问，为什么是 12？为什么 12 步与 12 传统之间有着惊人的巧合？当然不是巧合。比尔和他的朋友故意选择了 12 这个数字，以便与这个数字的重要意义相一致：12 个门徒、12 个陪审团成员等。

九、作为一种哲学的匿名

匿名是一种经常难以遵守的哲学。当你扭转了你的生活，你会想要爬上屋顶大声向全世界宣告你的成就。由于反复的概率非常高，因此当你发现自己过了一会又坐到酒吧的高脚凳上的时候，你会觉得自吹自擂并不是个好主意。在嗜酒者互戒会发展的早期，确实出现了几位名人，他们参加完集会后向公众宣布，自己现在已经改过自新，这全要归功于嗜酒者互戒会这个了不起的新组织。结果没过多久，新闻报道了他们在俱乐部里烂醉如泥的场景。这不能算是良好的公共关系。

社会上也有着对嗜酒者的不好看法。嗜酒被认为是道德败坏和个性软弱的表现，而复原的尝试也得不到尊重。这种尝试往往被认为是恶棍在情非得已的情况下才做出的努力。颇具讽刺意味的是，雇员如果被雇主知道了他在参加嗜酒者互戒会就会被开除。幸运的是，那已经是过去的事了，现在的时代更有同情心。

匿名与谦逊之间也有着联系。不过我们首先要分清"谦逊"与"蒙羞"①。正如亚里士多德所说的，真正无私的行为应该是自愿的，不是为了让人记住你，从而为自己的名声添砖加瓦。嗜酒者互戒会鼓励它的成员要"原则先于个性"。这一哲学的重要性不可低估。嗜酒者互戒会的这一原则是高贵的，是对人生命的肯定，是人之所以为人之所在。有些时候，自我中心者会霸占整个集会，行为傲慢，以显示他们似乎就是嗜酒者互戒会和复原工作的权威。新近会员必须要避开这些爱慕虚荣的人。他们是苏格拉底所说的助产婆的对立面。他们越过了谦逊哲学家的界限，成了邪教教主的模仿者。毕竟，人们不会那么愉快而又神气活现地迈进嗜酒者互戒会集会的大门，因为生活是美好的，而大家从总体上来说都是深刻而又有智慧的思想家。嗜酒者互戒会展示了人群中具有代表性的各色人物——就像你在工作中或是当地餐馆中都会遇到的一样。

复原，特别是在最初阶段，是一种极度困难的个人挣扎，最好能够在嗜酒者互戒会的集会会场这一友好的封闭空间里进行，因为在这里，你有友谊和相同想法的人可以依靠。

十、保持经济独立

嗜酒者互戒会的另一个重要哲学就是保持经济上的自给自足。在嗜酒者互戒会历史上的早期，比尔·威尔森曾会见过约翰·洛克菲勒以寻求赞助。洛克菲勒断然拒绝了他，但不是出于吝啬。作为商人，洛克菲勒很清楚，掌握金钱的人往往就是做决策的人。洛克菲勒劝告威尔森说，经济独

---

①谦逊与蒙羞在英文中分别写作 humility 和 humiliation，拼写十分相似，故作者说要分清。

立对嗜酒者互戒会来说是一件好事，他应该让资本家远离嗜酒者互戒会。如果没有这件事的话，嗜酒者互戒会可能就不会存活下来，即使存活下来，也会充满商业气息，到那时，当你在大街上看到一个衣服上贴满各式商标（赞助商会要求参加戒酒的人穿上贴满商标的衣服）、穿得就像个赛车手似的人时，你会因此而认出他（她）是个复原中的嗜酒者。

随着时代的发展，复原设施变成了有利可图的工业，于是许多收费的戒酒方案就出炉了。有许多人也向这些收费的戒酒方案寻求帮助，但就算是这些方案也指出，一旦它们的病人回到了现实世界，他们还是最好参加嗜酒者互戒会集会。此外，还有一些嗜酒者互戒会成员转变成了戒酒顾问。这些人在本质上就与智者比较接近。他们把免费得来的馈赠之物拿来卖钱。正如你所回忆起来的，苏格拉底从未就他的哲学思考收过一分钱，并且他认为这样做是不合适的。智慧应能被所有想要寻求它的人自由索取。事实上，智慧存在于人的灵魂之外，就等着那些有时间并有求知意向的人去索取。

知识点击

从嗜酒者互戒会中已经生发出了数百种 12 步方案来帮助患有其他各种"瘾"症的人，包括毒瘾、贪食瘾、赌瘾和性瘾等。

总体上来说，嗜酒者互戒会至今还保持着生命力。它已帮助了数以万计的人，至今仍是获得并保持清醒的最成功的方式——当然，要一天一天来。

十一、其他组织的改造

许多其他组织不约而同地选择了嗜酒者互戒会的 12 步，并把这 12 步进行改造以适应他们自己的目标。一些辅助性的社团如阿拉侬和阿拉廷为嗜酒者的家人提供支持。事实上，阿拉侬就是由比尔·威尔森的妻子洛伊丝历尽艰辛创建的。这些组织的名字可以列出很多：吸毒者互戒会、贪食者互戒会、嗜酒者成年子女会、性瘾者互戒会等，说它有数百种也毫不夸张。所有这些组织都奉行 12 步原则这一关于心理和精神态度调节的积极哲学。12 步原则是人类智慧为自我完善而设计的最为成功的行动方案，当然正如你所理解的，这需要高等力量的一点小小的介入。

第二十三章

老树新枝——新世纪哲学

"新世纪"这个词能激发起人们许多的感想。有人把新世纪运动者视为处于精神革命前沿的启蒙者，并认为他们将引导人们进入到一个美丽新世界。有人则把他们视为一群疯狂的环保人士。也许，以上两者的特点，新世纪运动者都有所具备。

一、什么是新世纪

事实上，世间并没有那么一群在标有"新世纪"字样的横幅下聚集起来的人。新世纪是社会学家和传媒为了便于描述公民中的一些具有代表性的人物而运用的一个词语，这些人具有多元化和兼收并蓄的特点，他们践行着多元化和兼收并蓄的生活方式和行为准则。

如果你要求那些对新世纪不怎么感兴趣也不怎么了解的人说出一个典型的新世纪运动者的名字，大多数人可能会说雪莉·麦克雷恩。确实，正是由于这位好莱坞明星，像轮回、灵魂出窍和引导者等才为公众所熟知。但其实新世纪并不止于这样一种松散的探索者联盟，而我们首先需要意识到的是，这种所谓的新世纪哲学，它的任何一个方面都不足以称得上"新"。

二、这根本就不是新的

新世纪运动包括许多方面：前世生活、灵魂伴侣、手纺车、塔罗牌、占星术、命理学和其他许多流派的思想，还包括各种占卜的工具以及在这纷乱的世界中寻找答案的要求。然而，这些东西根本就算不上新东西。所有所谓的新世纪元素其实都是古老的信仰和习俗，大部分都是在古代的大思想家和哲学家的启示下得来的。古希腊哲学家和神秘东方的神秘主义者引起了人们的高度注意，在新世纪这面大旗下，各种思想得到研究。

三、轮回转世

当今的美国人把轮回转世视为新世纪哲学的一个稀奇古怪的观念，但轮回转世其实是世界其他许多宗教的信仰基础。现今地球上相信轮回转世的人比不相信的人要多。他们把轮回转世看作是一件严肃的事情，并且在来世报应的监督下规划着现世的行为。

1. 古老的信条

轮回转世是印度教和佛教的基本信条，也是其他许多宗教的基本信条。早期的一些基督教会也信奉轮回转世之说，直到教会在耶稣逝世400年后把教理法典化为止。轮回转世以及其他许多精神信仰随后就从官方典籍中被删除，并被视为异端思想。

柏拉图相信轮回转世之说。伏尔泰则认为轮回转世存在着可能性。他说既然你出生过一次，为何就不能再出生几次呢？乔治·巴顿将军相信轮回转世，他非常坦率地承认了这一信仰。他相信他曾经转世为各种战士，从好战的穴居人到古罗马战士到拿破仑手下的军官，直到他那最著名的军人形象。也许有人会想，他现在到底是属于"所有这些形象"中的哪一个？

毕达哥拉斯和他的追随者也相信轮回转世之说。他们认为，人与动物都有灵魂，灵魂在死后就会转世。他们还认为，根据我们在现世的表现，我们可能会转世为另一个人，或是退化为更低等的生命形式。毕达哥拉斯和他的追随者没有用"业报"这个词，但在本质上这与印度教和佛教中的业报观念是同一种东西。

自轮回转世这个观念出现以来，它就俘获了人们的想象。试想，如果你在今世没有好好做人，你在来世仍有机会再试一次，这给人们带来了些许安慰。

2. 业报

印度教教徒和佛教徒相信业报。正如我们在先前的一章中已经讨论过的，业报这种信仰认为，宇宙间存在着一张记分卡，上面记载着我们在生生死死之间的进出记录。根据我们的行为，奖励与惩罚逐渐形成。如果你是一个十足的混蛋，你在灵魂离开肉体的时候感到自己已经逃脱了惩罚，那么请三思。业报知道男男女女的内心（和行为）中隐藏着怎样的罪恶。报应是恐怖的，也是无法逃脱的。你绝逃不出你的业报。而相反的，如果你在现世一再受到伤害，或者你有着一个好心的、宽宏大量的灵魂，那么你会因为这一生的清白和良好行为而在来世受到奖励。

3.关于轮回转世的著作

今天，欧洲人和美国人对自己的前世有着极大的兴趣。印度教教徒和佛教徒把轮回转世作为他们信仰的一部分，与之相比，西方世界之于轮回转世更多的是出于世俗的追求。在亚马逊网上搜索与轮回转世有关的图书，结果显示有 700 多种。而且这些书并不全是由雪莉·麦克雷恩写的！

布莱恩·怀斯博士编写了一系列的著作来讨论前世和在前后两种人生之间的过渡时期，这一时期在怀斯的《藏族亡灵书》中被称为中阴状态。所谓的"人生回顾"正是在这一时期发生的。新亡之人要对他之前的这段生活进行一次长久而

知识点击

虽然西方世界中的大多数人把轮回转世视为稀奇古怪的新世纪观念，但它却是印度教和佛教的精神信条。这个世界上相信轮回转世的人也许并不比不相信的人要少。

又艰难的考察，看看从这经历之中他（她）能学到什么，并为下一次的人生作准备。根据怀斯博士的这部著作的说法，我们在中阴状态时要会见上师。所谓的上师也存在于佛教传统中，他们是已受过启蒙的精灵，原先也是凡人，现在则指引和教导我们这些仍在地上的人。怀斯博士是一位医学博士和精神病学家，他通过给病人催眠来揭开他们隐藏的精神创伤，结果发现了他们的前世和他们与上师的相遇，这些上师在亡灵看来相当固执己见并且十分喧闹。

4. 批评

为了避免我们变得过于轻浮，大多数人把轮回转世视为一件严肃的事，而对此的许多批评是不公正的。例如，一种常见的批评就是，每个相信轮回转世的人都宣称自己曾是亨利八世或是莎士比亚或是玛丽·安托奈。实际情况远非如此。事实是，许多人所回忆出来的前世是相当平淡的农民生活。他们确证了古怪的老托马斯·霍布斯的信条，即生活是肮脏、粗野和贫乏的。这无疑描述的就是当今大多数人所回忆出来的前世。而这是极有意义的，因为直到相当近期前，这个星球上的大多数居民还过着粗糙的、危险的和无益的生活。

怀斯的著作还有一个重要主题就是"灵魂伴侣"的重聚。这是新世纪哲学的另一个流行观点，实际上，这还是一种非常古老的思想。

四、灵魂伴侣

这一诱人而又浪漫的新世纪观念在哲学上来源于我们的老朋友柏拉图。在心理学层面上，灵魂伴侣重聚的观念则近似于荣格的集体无意识和他关于阿尼玛与阿尼姆斯的理论。

谁不希望他们的伴侣是真正的灵魂上的伙伴？谁没有在凝视星空的时候，希望在某个地方有着"另一半"也在凝视着同一片天空，想着自己呢？你和你的爱人是在神的安排下走到一起的，命中注定你们要重新合二为一，这是多么浪漫的想法啊！

1. 柏拉图的理论

柏拉图的理论以神话故事的面目出现。这个故事说，很久很久以前，人类是雌雄同体的造物，换句话说，即是男性也是女性。神把人类一分为二，造出了男人和女人。人们相信，我们每一个人在深层的潜意识中知道我们自身缺少了某种东西，我们要寻求完整。

德国的唯心论者叔本华则说，所有自然现象的基本类型就是两极化，或是一种力量分为对等和对立的两部分，这都源自于"人类自身的水晶磁极"。

许多关于灵魂伴侣的理论不同于柏拉图的理论。但纯粹主义者和浪漫主义者从心底里是赞成柏拉图的，他们认为，灵魂伴侣就是你的另一半，也称为"分割的一半"或是"双生灵魂"或是"双生爱人"。

2. 寻找灵魂伴侣

在因特网上，在你当地书店中关于新世纪或婚恋关系的书架上，到处都可以发现当代人对于灵魂伴侣的兴趣。在亚马逊网上可以搜索出 60 多本在标题中含有灵魂伴侣字样的书。这些书提出，你在任何地方都可以找到你的双生爱人。

下面所列的就是这冗长书单中的一小部分：

* 《双生灵魂：寻找你真正的精神伴侣》

* 《给神秘爱人的热巧克力：101 个关于天启牵线的灵魂伴侣的真实故事》

* 《埃德加·凯斯论灵魂伴侣：释放灵魂的吸引力》

* 《灵魂伴侣：遵循内在指引到达你梦想的婚恋关系》

* 《优先注意灵魂伴侣：现实世界中的精神之爱》

* 《吸引精神伴侣的二十一种方式》

* 《灵魂伴侣：如何找到并留住他们》

* 《灵魂伴侣：穿越时间理解婚恋关系》

* 《朋友、爱人和灵魂伴侣：黑人男女美好婚恋关系指南》

* 《爱情招领处：关于破镜重圆的真实故事》

* 《灵魂约会与灵魂伴侣：如何在通往精神伴侣的路上找对人：寻找灵魂伴侣的使用指南》

* 《上师论灵魂伴侣和双生爱人一二：伟大白人兄弟情谊的开始》

* 《网际灵魂伴侣》

正如你所见到的，寻找灵魂伴侣是一件大事。有专门的顾问帮助人们寻找他们的灵魂伴侣，正如新世纪的多莉·列维（歌剧《你好多莉》中扮演红娘的女主角）在剧中高唱的，"尽管把所有的事交给他们来做吧"。

为避免践行其他生活方式的人群产生被排斥的感觉，各种书籍、服务和网站宣称，他们可以帮你找到同性的灵魂伴侣。这些人还宣称，他们可以帮你找到不同肤色的或是富有的灵魂伴侣。因为灵魂是一种以太元素，它超越了种族和社会经济阶层，这不免使人怀疑这些人是不是该为新世纪的狡辩负责。

心理学倾向于认为，灵魂伴侣要比你想象中的近。荣格认为，每个男人和女人的心灵中，都分别存在着阿尼玛（女性意向）和阿尼姆斯（男性意向）。赞同荣格这一理论的人认为，这就是你真正的灵魂伴侣。而且你最好要与它们处好关系，否则就会出现各种精神机能障碍。

许多人经常以一种极为漫不经心的口吻宣称，自己找到了灵魂伴侣。有趣的是，不止一位中年新世纪导师在南加州的海滩上找到了自己的灵魂伴侣。他们的灵魂伴侣不是他们在年轻时代的第一任妻子，不是他们成年子女的母亲，被他们公开宣称为灵魂伴侣和双生爱人的那位女子，陪伴着他们游历了失落的亚特兰蒂斯大陆、埃及和莎士比亚笔下的伦敦，有时又如泰坦尼克号上的杰克和露丝，直到现世，则通常是《海滩护卫队》中的试演者，年轻得足以做他们的女儿。这些赢得业报彩票的家伙可真是幸运啊！

3. 消极的一面

在现在这个人们很难保持长久婚恋关系的年代，灵魂伴侣的思想有其消极的一面。对灵魂伴侣的普遍追求会阻碍人们与他们现在所共同生活的那个人之间的幸福，阻碍人们在小事中发现快乐——婚恋双方要使两人的关系成形，就必须要做这些常态的、非神秘的、平凡的但又美丽的事。

知识点击

某些新世纪倡导者认为，人们有许多灵魂伴侣。事实上，人们穿梭于各种人生，扮演着不同的角色：这一次是丈夫，下一次就是妻子，另一次则是孩子。这些人认为，灵魂伴侣可以是异性的，也可以是同性的，而且也不必是浪漫的。

对于作为个体的男人和女人来说，灵魂伴侣的思想使得男人更加心存顾忌，女人比原先更加挑剔。当在某个地方有着身穿闪亮盔甲的完美骑士或公主新娘等着你的时候，为什么还要勉强接受那个便后不冲厕所的笨蛋或那个笑的时候会打响鼻的女人呢？

寻找灵魂伴侣的信念还会使人对"什么才是真正的爱和浪漫"产生不现实的期望。你的灵魂伴侣不大会是埃及艳后、示巴女王、祖胸露背的传奇海盗，或是浪漫主义时期忧郁的拜伦式诗人。你的灵魂伴侣可能就是隔壁的小伙或姑娘，可能就在超市排队付款的队列中。甚至，灵魂伴侣还可能是你在网上聊天室里遇到的某个人（但在准备组建家庭前，你要先在电话里确认一下对方）。

五、《易经》

今天，许多人把《易经》看作是流行的客厅游戏，但它同样也植根于丰富的精神和哲学传统之中。道家和儒家这两种中国最为重要的思想体系，都可以在《易经》中找到。《道德经》的作者，第一位道家思想家老子就受到《易经》的启发，而人们相信，正是孔子编写了构成半部《易经》文本的注。

《易经》翻译成英文是《变化之书》，或是《变化之经典》、《变化之神谕》。据说《易经》早在 5 000 年前就已出现，而写成文字距今也已有 3000 年之久。这使得它成为世界上最古老的书面文献之一。与塔罗牌和如尼石一样，《易经》在远古具有重要的意义，但现今它的潜在力量并没有被削弱，真正退化的是人类的精神本质，而这是可悲的。人们更习惯与看不见的世界保持和谐，并愿意接受奇异的事物。

对于那些心胸开阔的人来说，利用《易经》来了解自身比利用它来开周围人的玩笑更重要。它是否轻触到了你已有的某些事物，并促使你去认真思考，或者神圣的特性是否已经开始作用，谁知道呢？不管哪一种，都有很多的智慧和洞见等着你去拾取。如果它对杰出的荣格博士有用，那么它对你也会有用。

荣格在其自传《回忆·梦·思考》中写道，他是如何在一棵树下看《易经》，而且一看就是数个小时，他提出问题并在《易经》中寻找答案。他发现答案通常能契合这些问题，并且激发他对所关注的这些问题和情况进行深入的思考。这也许就是《易经》能在这 5 000 年来具有如此持久力量的原因所在吧。

晦涩含糊也使得《易经》简化成了中餐馆中外卖的幸运饼干，但实际上《易经》远比幸运饼干深刻得多。如果它对你来说仅仅只是思考问题的工具，那也不是不可以。在现在这个注意力越来越短暂、思考趋于褊狭的时代，《易经》有着巨大的价值。

第二十四章

哲学与电视迷

或许许多人会认为哲学是一种吓人的、学究的东西，缺乏机智幽默，让人提不起兴趣。许多人认为，哲学几乎没有什么娱乐价值，在现在这个注意力越来越不能长久的时代，哲学只会让人头痛。但其实，在我们这个地球村，每个人都可以是哲学家。

一、课堂外的哲学

哲学并不像柏拉图所说的型相那样是处于以太中的一个朦胧不清的小点，它更像是亚里士多德所说的共相而深嵌于我们的时代精神之中。哲学也存在于课堂之外，存在于少数人光顾的图书馆那堆满尘土的书架之外。哲学是一种鲜活生动的力量。

你可以在电视屏幕上找到哲学。不过不是在 MTV 或是那些"真人秀"节目上——对于这些节目，你恐怕得思索一下这个古老的问题："什么是真实？"如果这些节目以及其中的人是代表了广大人民群众的话，那么也许世界末日是真的快要来临了。

不，电视上还是有哲学的，它就零星散落在那里等着你去拾取，只不过你在搜寻时得有点鉴别力。要说能问出有深度的哲学问题、能引人深思的电视节目，就要数过去几年中的科幻节目了。科幻与幻想是讨论那些几千年来使人兴奋而又困惑的复杂问题的理想方式。

二、《星际迷航》

经受得起时间的考验并不断重拍的科幻节目中最有名的就要数《星际迷航》了。在这里，我们将把讨论范围限在最初的，从许多方面来说也是最好的，即从 20 世纪 60 年代开始拍摄的经典原版《星际迷航》，也就是现在所称的经典迷航。《星际迷航》不仅仅是部"太空剧"，它是一部有思想性的、发人沉思的电视节目，具有丰富的哲学上的真知灼见。

对于不是来自地球的人来说，《星际迷航》记录了一艘美国星舰"企业号"的旅程，这是一艘 23 世纪行星联盟的探索银河的星际飞船。人物主要有船长詹姆斯·科克、大副斯波克先生和性情暴躁的麦考依博士，其余的则是些流行文化的符号、当代人的原型和现代神话的东西。看过影片的人一定会熟记其使命宣言："去开拓陌生的新世界，去寻找新生命和新文明，去大胆地到人类从未去过的地方。"

当然，这个使命宣言在《星际迷航：下一代》中被改为了"个体从未去过的地方"——尽管科克船长是在《星际迷航之六：未发现的国家》中把它当作最后一句台词来说的，这一部也是以科克为主角的最后一部原版《星际迷航》。由于科克是第一个说这句话的人，这就使得上一代与下一代之间建立起了巧妙的过渡。

1. 科克船长与人文主义

人（男人和女人）的概念显然要涉及知识、洞见和智慧，它是文艺复兴时期人文主义的基石。事实上，体现在《星际迷航》中的占有主导地位的哲学就是人文主义。你可以回想一下以前的章节，人文主义是对人类所有壮丽事情和通过人类努力而取得的功勋的赞美。人文主义把责任、成就及成绩带来的声望公平地分在赫拉克勒斯和英勇的男人和女人的肩膀上，而不是把它放在那些帮助解决我们困难的神身上。

在《星际迷航》的世界里，第三次世界大战发生于 20 世纪 90 年代（《星际迷航：下一代》把它改至 21 世纪 50 年代），在冷战时期许多人感受到的虚无主义，以及我们今天许多人在进入到一个不是那么美丽的新世界时所体验到的感受，都在《星际迷航》中得以体现。在不久的将来会发生核灾难，但最棒的和最聪明的人幸存并繁盛起来，创建了一个高科技的乌托邦，在那里所有的种族障碍得以消除，所有的疾病得以治愈，全体人类开始探险的旅程。最初的《星际迷航》系列长片的口头禅就是："人类的探险旅程才刚刚开始。"还有比这更好的人文主义哲学口号吗？

神在《星际迷航》中并没有得到多大的尊重。他们通常是好为恶、少为善的伪神，或者是似神的生物，象征的是"骗子的原型"，是宇宙中虐待生物的恶作剧者。骗子是每种文化中都会出现在神话传说中的角色。这类恶作剧的小神喜欢在人世间大肆破坏，而通常看似令人讨厌的角色则会教育和帮助人类。

《星际迷航：下一代》中臭名昭著的Q基本上是特勒雷尼将军的变体，特勒雷尼将军是经典迷航系列《格索斯的乡绅》这一集里的角色。这些角色让科克和皮卡德船长吃尽苦头，但最后总是人性和人的价值赢得胜利。

"企业号"飞船所遇到的"神"总是压制为他们服务的生物的潜力，从而把这些生物变成事实上的奴隶。在《苹果》这一集中，"企业号"来到一个貌似天堂的行星，这里的居民崇拜一个叫作伏尔的"神"。这些原始人居住在一块类似伊甸园的乐土上，在这里，他们所有的需求都得到满足，代价是他们要定期向一个喷火的穴居神顶礼膜拜。科克船长和他的同伴来到这里后迅速起到了像伊甸园里的蛇所起到的作用。他们为这些原始人摧毁了乐园并且认为这样才对他们更好，因为人类就应该去奋斗、去探索、去寻找和不言放弃。

另外一个失灵的神出现在《执政官归来》这一集中。在这一集中，"企业号"在寻找一艘失踪飞船的时候来到了一个星球上，该星球的居民像阴沉的新英格兰清教徒（其中的一些人还有地方口音），居住在看起来像19世纪的小镇上。他们就像服用了镇静剂那样顺从和平静，直到"节日"之夜。节日是性和暴力的一次狂乱的爆发，财产被毁坏，男人被棍棒抽打……除了老人之外，所有人都必须要参加节日。一个无法参加节日的老人还责难"企业号"全体船员，因为全体船员克制自己不去参加节日。

重要提示

出现在《星际迷航》中的"神"通常是伪神，这些神要么试着阻挠人类去"大胆探索"，是一种十足的敌对力量，要么就好管闲事。这可以说是人文主义的另一种表现了。

节日是《星际迷航》对卡尔·古斯塔夫·荣格博士的"阴影"观念的表现。阴影象征着我们的无意识，正是它驱动着性欲和暴力，除非这些因素被整合到完整的人格中去，否则阴影就会浮出水面，而这往往会带来反社会的后果。

原来这个星球被一台高度关注道德的超级电脑所统治，它对这个星球的居民就起着神一般的作用。科克同神比赛，他认为这个社会停滞不前并且十分贫穷就是因为神的原因，因此带着对自认的人文主义的自信，科克成功地运用尼采"上帝死了"的格言，说服这个电脑上帝关了机。

最臭名昭著的"反上帝"以及与之相对的对人文主义的支持，出现于《星际迷航》系列电影中的《星际迷航之五：最后的边界》。这部影片讲述的不是其他，就是讲"企业号"全体船员勇敢地去调查上帝本身的故事。斯波克的以救世主自居的、完全疯狂的同父异母的兄弟劫持了飞船，他相信上帝居住在银河系中心的一个星球上。最终的结果使得船员和观众都颇为扫兴，他们确实找到了一个强大的实体，这实体显示为一个留着白胡子的白种男人的面貌，但它却是恶魔般的生物。科克、斯波克、麦考依差点未能生还，经此之后，科克提出了一个"最终的设想"，即上帝住在"人类的内心"。

重要提示

《星际迷航》中所表达出来的占主导地位的哲学思想是人文主义，这种信念即"大胆地到个体从未到过的地方"是人类的使命，并且只能靠人类自身去完成，人类无须神的帮助就能很好地完成这个使命。

在经典《星际迷航》中，人类和机器的对抗是人文主义的另一种表现。科克船长的离奇能力之一就是能说服电脑自我毁灭。在好几集中，包括前面提到过的《执政官归来》中，科克同电脑上帝兰德鲁进行了大量的谈话，最终促使它自我毁灭。而在《终极电脑》这一集中，"企业号"全部实现自动化，科克船长则实际上无事可做。当然，最后这台电脑出错并毁掉了好几艘飞船。科克于是劝说该电脑自毁以弥补其罪行。

回想一下，自然神论认为上帝就像是一台非人格化的宇宙老爷钟，它使万物正常运转但又无意干涉人类事务。自然神论者的上帝是冷静的，并且保证无所不在。把这个理论运用到《星际迷航》的世界中，钟就是超级电脑。然而，不同的是，这些电脑并不像自然神论者的钟那样冷静中立。电脑和伪神在《星际迷航》的人文主义世界里是一种恶意的力量。

在《柏拉图的继子》这一集中，柏拉图这位伟大的古希腊人再次给人们留下了深刻的印象。"企业号"偶遇一个在远古时代曾造访过地球的外星文明，他们按照柏拉图的《理想国》的模式改造他们的社会。这些外星人（与星际迷们所碰到的几乎所有种族一样，这些外星人看起来像人类并且英语说得非常好）崇拜柏拉图，穿长袍戴月桂冠（虽然这更像是罗马人的打扮而非希腊人），专心于沉思和内省。同古希腊人不同的是，这些柏拉图的信徒有心灵感应能力，哦，是的，他们也折磨和羞辱一个叫作亚历山大的侏儒，因为他无法适应这种社会，也不能为自己辩护。这些残酷成性的假哲学家随后让科克和斯波克也遭受到了各种方式的侮辱，如让科克不断地打自己耳光，让斯波克在俯卧的科克身上跳弗来明哥舞，泰然自若地跺这位好船长的头，诸如此类，不一而足。科克最后扭转败局并让傲慢的外星人领袖尝到了以彼之道还施彼身的滋味。

在柏拉图的《理想国》中，有一个严格的社会等级制度，在这一等级制度中，工人阶级受到冷遇并且只能得到最基本的物质保证。这是一个有缺陷的社会模型，我们中的大部分人大概都不会想成为这种社会中的公民，并且《星际迷航》展示了绝对的权力导致绝对的腐败这一缺点。这也是《星际迷航》中反复提及的另一哲学主题。

在《去人类从未去过的地方》这一集中，科克船长最好的朋友受到空间异常的影响并开始具有超人的智力和体力。他变成了仁慈的、像神一样的、全能的伟大人物了吗？不，他变成了危险的、恶魔般的妄想自大狂，科克不得不在一次惊天动地的打斗后消灭了他。那个科克！他甚至可以用人类的拳击技艺打败像神一样的超人。不管这情节是怎样地令人难以置信，哲学原则始终是普遍真理。

既然谈到了《星际迷航》中的超人问题，那么就必须得提一提可汗，这个人物出现在《太空种子》这一集和《星际迷航之二：可汗的愤怒》中。可汗是个用遗传方法制造的超人，并且在 1992 年至 1996 年间统治了 1/4 的世界。可汗是尼采哲学中横冲直撞、目空一切的"超人"的完美范例。超人拥有超凡的体力和智力，非常自信以致经常显得过于傲慢，可汗·努涅恩·辛格就是这样一个超人。实现人类的最大潜能是一回事，这是应该永远提倡的，然而，如果凭着体力和智力的优越，攻击和轻视与你同类的公民，恣意漠视文明和礼仪，这就应被否定。我们追求的应当是更仁慈、更优雅的超人，而不应当把尼采的超人作为模板。

2. 斯波克先生与客观主义者

詹姆斯·科克船长是《星际迷航》中的传奇英雄，对单纯的青少年具有极大的吸引力，他是人文主义者，尽管如此，在他的伙伴斯波克先生身上，却体现出了众多哲学流派的思想，斯波克是从斯多葛主义到客观主义等哲学的代表。

斯波克先生，"企业号"半人类半瓦肯的大副，体现了斯多葛派的道德规范。瓦肯人很久以前就抗拒情感，认为逻辑才是能通向真理之路。这并不是说他们没有情感，他们通过意志和纪律抑制情感。斯多葛派认为这是件好事情，激情在通往幸福之路上不是必需之物，它只会使人分心，使事情变得复杂。当然，在这里，荣格关于阴影的理论就呈现了出来。经年训练和纪律抑制的情感不时地会浮出水面。每7年瓦肯人必须回到他们的母星球去繁衍后代（就像地球上的鲑鱼或者猎户座IV上的飞鳗）。此外，情感也会因太空病毒和邪恶外星人的影响而浮现出来。

这些剧集用许多方式展现了斯波克先生的内心痛苦。相比于他的那些地球人同事，他在许多方面更像个人类。这种自我控制的努力和理想化的理性使得斯波克先生在追随安·兰德的客观主义者那里大受欢迎。对于那些把理性视为首要德行的人来说，斯波克是他们的英雄。他体现了客观主义者所视为标准的那种英雄主义和决心，换句话说，他在这个怀有敌意的世界（从斯波克的角度来说，应是怀有敌意的宇宙）中完全达到了客观主义者的标准。在这一点上，他也体现了启蒙的德行。而对于那些想要效法这个典范的凡人来说，斯波克是个强有力的榜样。因为对斯波克来说，要实现这一点，从来就不是容易的事情，他要与内在的和外在的情感做斗争，以保持着他的逻辑本性。半外星人半人类，他体现了存在主义者的信念，即生活大部分时候是一种"异化"，我们还可以引用尼采的一本书的名字来形容斯波克，他是"人性的，太人性的"。

三、《囚徒》

《囚徒》是现今所拍摄的电视剧中最为奇特的一部，它富有多种哲学传统，这带给我们引人入胜的观看经验。

《囚徒》讲述了一个超现实的、富有寓意的故事，故事的主人公是一位突然从情报机构辞职的秘密特工，辞职后他便遭到绑架并被押送到了一个神秘的叫作"村庄"的社区。他被命名为"6号"并受到了一系列的审讯——有时是严刑拷打，有时是旁敲侧击——总之是要找出他为什么辞职的原因。当权者不相信他辞职的原因仅仅只是出于良心上不安。

《囚徒》牵涉到许多哲学问题，它的忠实影迷至今还在通过聚会、影迷俱乐部和网站争论其中的许多意义。贯穿于这部17集的电视剧中的主要哲学是个人与社会的对抗。几乎每集开头，6号会高声反抗道："我不是数字！我是自由的人！"后面则跟着他最新敌人的嘲笑声。

2号是村庄的管理者，他（她）向从不露面的1号报告情况。每集都会有新的2号出场，因为原先的2号由于被6号挫败而不断地被撤换。

村庄是真实世界的缩影。没有人知道村庄真正存在于何处。在一些剧集中，村庄是一个岛屿，在另一些剧集中，它是一片立陶宛的海岸，而在最后一集中，它看起来像是伦敦城中的一小块地方。这些并不是许多电视剧中常见的明显的情节漏洞。村庄所在的地理位置并不重要。我们所有人都是村庄的居民，正如《X档案》中的角色所说的，我们都生活在专制社会中，一种"军事－工业－娱乐综合体"统治着这个世界。这种真正统治着世界的力量是看不见的，作为傀儡的2号只是这种力量的奴仆。这种力量通过非暴力的手段，即提供物质享受所需之物和没头脑的娱乐来破坏和压制真正的个人主义者。人们不能告诉你科索沃在哪里，但却能叫出每期新的《幸存者》中的演员名字。这种社会正是"囚徒"所讨论并提醒我们去警惕的，也正是我们业已变为的社会。

《囚徒》是一部35年前的科幻作品，但在今天，生活在许多方面都模仿了艺术。在《囚徒》中，村庄中所有居民的私人信息都能在一个巨大的数据库中立刻查到。当局通过隐藏的摄像机无时无刻不在监视着居民。今天，在一些社区中，在多数人的同意和少数人的愤怒下，摄像机也被安装到了大街上，并且他们还把你的脸部图像输入到一部超级计算机的数据库中。

《囚徒》中的象征主义具有哲学的含意。有一处象征是，人们在一块棋盘样式的场地上下棋，人们自己就是其中的棋子。生命是否仅仅只是一场游戏，抑或我们只是木偶人，任由一种看不见的力量操纵？

在《精神分裂症患者》这一集中，6号被洗脑，他相信自己是自身的一个副本，这个副本的任务就是把他逼疯。这是20世纪60年代的电视剧常用的经典设计，给主人公安排一个邪恶的双生子（科克船长多年来也有这么一个）。在这种设计中，身份这一哲学问题就显现了出来。

最后一集提出了许多的哲学问题，但都没有答案。在这里似乎应该向你提出警告：以下内容包含剧情，如果你还未看过这个剧集并且不想知道结局的话，不要读下面的这几段。

在最后一集中，由于他对个人主义的坚持和他在持续压迫下仍能保持个人主义的能力，6号显然正在得到回报。他受邀参加一个庆典并得到了一个选择的机会，要么离开村庄，要么成为村庄的新领袖——1号。当他最终见到1号的时候，站在他面前的是一个穿着长袍的蒙面人。他撕下蒙面人的面具，却发现下面还藏着一副面具——橡胶的大猩猩面具。他再除掉这副面具然后看到了……他自己！最后，这另外的6号逃走了，而原版的6号则在枪战、爆炸中摧毁了村庄。他返回了自己在伦敦的家。门自动开了，伴随着与在村庄中开门时同样的开门声，似乎发出疑问：现在他自由了吗？"地球村"是否与他刚逃出的那个地方一样是个监狱？

无疑，这是电视剧中最为离奇和最令人困惑的结局之一，它的影迷也为了其中的哲学含意而争论了35年。现实中我们都是囚徒吗？人能不能改变这个世界，如果不能，他能至少保持他的个性并掌握自己的命运吗？在许多方面，6号都可以称得上是经典的存在主义英雄，追随安·兰德的客观主义者也把他看作偶像。也许最后一集带给我们的启示就是，所谓的启示根本就不存在；生活就是当你身处其中时你必须要去建构的某种东西。也许这个结局是在重申陈列在村庄中的一句箴言：他人为问题所累，自我为答案所困。

四、逃亡者

在流行文化中，对存在主义诠释的最好的就要算由大卫·简森主演的经典剧集《逃亡者》了——不是哈里森·福特主演的同名电影或是最近续拍的短命电视剧，而是那部扣人心弦的原版剧集。理查德·金博医生被误判为是杀害他妻子的凶手。当命运移动它的巨手时（原剧中的叙述者就是这样告诉我们的），金博设法逃脱并过上了亡命天涯的生活。他不仅要躲避无情的警察永无休止的追捕，还要寻找一位神秘的独臂人，因为他曾亲眼看见这位独臂人从他妻子的凶杀现场离去。

这部黑白剧集展现了美国小城镇的阴暗面，这位孤独的逃亡者所到之处都是一片绝望的景象。社会是暴虐而恶毒的敌人。逃亡者没有朋友，所遇只有陌生人，而且这些陌生人一旦发现他的真实身份就会出卖他。作为处于逃亡中的人，他有其浪漫的一面，但从本质上来说，他厌恶这种逃亡的生活方式。

这个世界力求抓住你，尽管事实上你已尽你所能地去好好生活。这是存在主义的主题，也是理查德·金博所要过的生活的残酷真相。他原本是奉公守法的社会支柱，现在由于这种超出了他所能控制范围之外的情况，他变得一无所有，被迫为了生存而亡命天涯。甚至当证明他清白的证据浮出水面的时候，追捕他的警察还是不为所动。杰拉德中尉就是这样一个机械的人，他象征了这个社会的无情和冷漠。

存在主义的一个重要方面就是异化，而还有谁会比一个逃亡者更加异化呢？理查德·金博永远不能在一个地方久留，永远不能深入了解任何人，也永远不能信任任何人。

理查德·金博是电视界对"西绪福斯神话"的回应。他有好多次几乎就能抓住真正的凶手，但环境阻挠了他，于是他发现自己又重新开始了逃亡，到另一个城镇，换一个新的身份，而他对真正凶手的追寻也就成了永不完结的故事。

五、爱玛·皮尔：女性主义偶像

当代的女性主义运动开始于20世纪60年代，涌现出了如格洛丽亚·斯泰纳姆和贝蒂·弗丽丹这样的作家和活动家。然而，正如我们在前面的章节中所看到的，女性主义的原则可以追溯到几个世纪以前。摇摆的 20 世纪 60 年代是一个社会变革的时代，同时期还有公民权运动和同性恋权运动以及其他许多组织的寻求权利运动。电视剧《复仇者》中的女主角爱玛·皮尔可称为一个典型的女性主义偶像，虽然有些人会认为这样的评论肤浅而又轻率，但不止卡米拉·帕格里亚，还有许多社会批判家都如此认为。

重要提示

现代的女性主义运动在摇摆的 20 世纪 60 年代兴起，对这一运动中的大多数人来说，电视剧《复仇者》中的女主角，会空手道并且永远那么漂亮的爱玛·皮尔成了她们的女性主义偶像。

由蒂亚娜·里格扮演的爱玛·皮尔曾经是、现在仍是现代女性的偶像。独立、有教养、穿着体面并非常漂亮的爱玛·皮尔具备了超级间谍的所有素质。近年来，女英雄西娜也逐渐成为偶像，但爱玛·皮尔显得更为老练和富于手段。她并不仅仅只是一个会痛打男人的女人，虽然她在每集中都这样做。她是一个天才的情报人员，有着非凡的体能和社会经济上的独立。她是平民，却不时与一位精干而优雅的英国情报人员约翰·斯第德合作，两人联手与各种阴谋策划征服世界的邪恶力量做斗争。这位女版的詹姆斯·邦德从不依靠女性的诡计来挫败对手；她是一位武艺高强的女子，所有人都不是她的对手。

爱玛·皮尔这一角色出现于社会文化剧变和女性开展平权运动的时期，这自有其合情合理之处。爱玛·皮尔不输于任何一位男性，除了她女性的身份。女性为她的权利而斗争，但却以接受男性（正是男性在无形中阻碍了她发展）的特征而告终，她最终赢得的是空洞的胜利。今天的女性应去观看《复仇者》的重播，以亲眼见识这位女性主义偶像。